75 YEARS आपसे हैं हम

सागर सरहदी

सागर सरहदी का जन्म 11 मई, 1933 को अविभाजित हिन्दुस्तान के पश्चिमोत्तर सीमाप्रान्त के ज़िला हज़ारा के बफ़ा गाँव में हुआ था।

उन्होंने प्रारम्भिक शिक्षा दिल्ली में हासिल की थी और मुम्बई के खालसा कॉलेज से अंग्रेज़ी साहित्य में स्नातक किया था।

उनकी प्रमुख कृतियाँ हैं—'राजदरबार', 'भूखे भजन न होई गोपाला', 'तनहाई', 'दूसरा आदमी', 'भगत सिंह की वापसी', 'इंटरनेशनल क्लब' (नाटक); 'गुरु और बीस एकांकी', 'मसीहा और अन्य एकांकी' (एकांकी-संग्रह); 'आवाज़ों का म्यूज़ियम', 'जीव जनावर', 'सागर यारा' (कहानी-संग्रह)।

उन्होंने 'कभी-कभी', 'सिलसिला', 'दीवाना', 'नूरी', 'अनुभव', 'ज़िन्दगी', 'चाँदनी', 'फ़ासले', 'रंग', 'कहो ना...प्यार है' आदि फ़िल्मों का लेखन किया। 'तेरे शहर में', 'बाज़ार', 'चौसर' जैसी बहुप्रशंसित फ़िल्मों के साथ-साथ कई धारावाहिकों, टेलीफ़िल्मों का निर्देशन भी किया। सामाजिक कार्यकर्ता के रूप में भी सक्रिय रहे।

21 मार्च, 2021 को मुम्बई में उनका निधन हो गया।

मसीहा
और अन्य एकांकी

सागर सरहदी

सम्पादक
रमेश तलवार

राजकमल पेपरबैक्स

राजकमल पेपरबैक्स में
पहला संस्करण : 2022

राजकमल पेपरबैक्स : उत्कृष्ट साहित्य के जनसुलभ संस्करण

राजकमल प्रकाशन प्रा.लि.
1-बी, नेताजी सुभाष मार्ग, दरियागंज
नई दिल्ली-110 002
द्वारा प्रकाशित

शाखाएँ : अशोक राजपथ, साइंस कॉलेज के सामने, पटना-800 006
पहली मंज़िल, दरबारी बिल्डिंग, महात्मा गांधी मार्ग, प्रयागराज-211 001
36 ए, शेक्सपियर सरणी, कोलकाता-700 017

वेबसाइट : www.rajkamalprakashan.com
ई-मेल : info@rajkamalprakashan.com

बी.के. ऑफसेट
नवीन शाहदरा, दिल्ली-110 032
द्वारा मुद्रित

मूल्य : ₹250

MASEEHA AUR ANYA EKANKI
One-act play by Sagar Sarhadi
Edited by Ramesh Talwar

ISBN : 978-93-93768-68-1

शुकराना

हम अबाध गति से चलने वाले घटनाक्रम के क्षणों में जी रहे हैं। यह क्षण इतनी तीव्रता से बीतता है कि अनन्तकाल के पल चुटकी में ही गुजर जाते हैं। बहुमुखी प्रतिभा एवं व्यक्तित्व के धनी सागर सरहदी की छवि ज़मीनी सरोकारों से जुड़ी रही है। वह समाज के विभिन्न अंगों से समानता और बन्धुता के साथ एकमेव रही है। रंगमंच, फ़िल्म और अभिव्यक्ति के अन्य सम्बद्ध क्षेत्रों में फैला हुआ उनका व्यापक कार्यक्षेत्र विशाल मानवीय भावों से सराबोर है। उनका सम्मान करना एक प्रकार से उनके समय और जीवन के जश्न का भागीदार बनना है।

'मसीहा और अन्य एकांकी' में संकलित सामग्री हमें मानवीय मूल्यों के बोध से सम्पन्न करती है। सागर साहब की यह किताब उनके जादुई व्यक्तित्व और उनकी रचनाओं में निहित उत्साह-भाव से अभिभूत ऐसे व्यक्तियों के अथक परिश्रम का परिणाम है जो कला-क्षेत्र के लिए समर्पित हैं। इसके प्रकाशन अवसर पर हम सबसे पहले प्रतिभा और एकाग्रता के धनी गुलज़ार साहब के प्रति अपना आभार प्रकट करते हैं जिन्होंने 'मसीहा और अन्य एकांकी' को सम्पादित करने के लिए प्रेरित एवं प्रोत्साहित किया। सतत उत्साही वीरजी रमेश तलवार को विस्मृत करना एक पेड़ की खातिर हरे-भरे जंगल को भुला देना होगा। उनके निर्देशन में निहित सूक्ष्म भावों ने कठिनाइयों में आगे बढ़ने की ताक़त दी। पूर्व छात्र संगठन, गुरु नानक खालसा कॉलेज की ओर से हम राजकमल प्रकाशन के प्रबन्ध निदेशक अशोक महेश्वरी के प्रति कृतज्ञता व्यक्त करते हैं जिन्होंने इतने अल्प समय में इस पुस्तक का प्रकाशन किया। श्री अशोक लाल का प्रकाशित पुस्तक समय पर उपलब्ध कराने के लिए आभार।

ये एकांकी नस्तालिक लिपि में उपलब्ध थे, जिनकी टाइपसेटिंग का जिम्मा जावेद ग़ज़ाली ने अपने कन्धों पर लिया। अर्शिया पब्लिकेशन्स के इज़हार नदीम का धन्यवाद जिन्होंने उर्दू भाषा में पुस्तक के प्रकाशन में सहायता की। कवि सुहैल अख्तर वारशी का आभार जिन्होंने हिन्दी-उर्दू भाषाओं में सामग्री उपलब्ध कराई। सागर साहब के प्रिय सहायक रवि प्रकाश पिल्लई एवं आदित्य शर्मा ने सागर साहब के जीवन और

समय से सम्बन्धित सामग्री उपलब्ध कराई। इसके लिए उनका बहुत-बहुत शुक्रिया।

उदारता घर से आरम्भ होती है। हम कृतज्ञ हैं गुरु नानक खालसा कॉलेज (स्वायत्तशासी) के अध्यक्ष सरदार जी.एस. बावा, प्राचार्य डॉ. किरण माँणगांवकर, निदेशक सरदार गोविन्दर सिंह नट और गुरु नानक खालसा कॉलेज के पूर्व छात्र संगठन के अध्यक्ष सरदार सतिन्दर पाल सिंह आहूजा का जो हमारे साथ दृढ़ चट्टान की तरह खड़े रहे। यहाँ मैं पूर्व व वर्तमान उपप्राचार्यों एवं कला संकाय की डीन डॉ. दविन्दर पाल कौर भसीन तथा डॉ. रविन्दर कौर चीमा का विशेष उल्लेख करना चाहता हूँ जिन्होंने इस कार्य में आरम्भ से अन्त तक साथ दिया। हम उपप्राचार्य द्वय डॉ. एलन डिसूजा, डीन कामर्स संकाय और डॉ. एच. एस. कलसी, डीन विज्ञान संकाय को धन्यवाद देते हैं जिनका मार्गदर्शन समय-समय पर हमें मिलता रहा। हम अपने पुस्तकालयाध्यक्ष नीलम चव्हाण और बीएएमएमसी विभाग के पूर्व और वर्तमान छात्रों को कैसे भूल सकते हैं जिनके सहयोग के बिना सागर सरहदी गैलरी की परिकल्पना साकार नहीं हो पाती। यह गैलरी पुरुषोत्तम भारद्वाज (राजू भाई) और उनके सहयोगियों के मस्तिष्क की उपज है इसलिए उनको धन्यवाद। अपने पूर्व छात्रों—अच्युतानन्द द्विवेदी, गुरजीत सिंह देवगन, अभिषेक पुरोहित (मन्नू), मयूर ताँबे और कुणाल साप्ते को भी धन्यवाद देता हूँ जो 'मसीहा और अन्य एकांकी' को तैयार करने में अपने साहित्यिक प्रयत्नों से निरन्तर सहयोग देते रहे।

आख़िर में वरिष्ठ पूर्व छात्र संगठन से जुड़े इप्टा और मंडेला आर्टिस्ट गिल्ड के सर्वश्री कुलदीप सिंह, अवतार गिल, इंदरजीत सचदेव, अमर कक्कड़ और अनेक रंगकर्मियों तथा फ़िल्म कलाकारों के प्रति आभार ज्ञापित करता हूँ जो सागर सरहदी की विचारधारा से जुड़े हैं।

जैसा कि सागर सरहदी नाम से स्पष्ट है, बफा में पैदा हुए इस कवि को सरहदों के घेरे में नहीं बाँधा जा सकता क्योंकि कवि अपने पाठकों का प्रिय होता है। कयामत से कयामत तक।

के. प्रवेश विश्वनाथ अय्यर
सहायक प्रोफ़ेसर एवं फ़िल्म हिस्टोरियन
बी.ए.एम.एम.सी. विभाग,
गुरु नानक खालसा कॉलेज
माटुंगा (पूर्व), मुम्बई-400019

भूमिका

सागर सरहदी साहेब मेरे सगे चाचा—सच पूछो तो मेरे बड़े भाई की तरह थे। मैं उन्हें 'भापा' बुलाता था। मेरे अन्दर नाटक का बीज उन्होंने ही उगाया। जब कहीं बच्चे की ज़रूरत होती मुझे संग ले चलते थे। बलराज साहनी जी के जुहू आर्ट थिएटर में बच्चे का रोल था, वह मुझे मिल गया और मेरी ज़िन्दगी नाटक की तरफ़ चल पड़ी। सागर भापा ने ख़ुद नाटक लिखना शुरू कर दिया। जब उनकी कोई चीज़ छपती, मैं उसकी लिस्ट बनाता था—उन्होंने कई कहानियाँ लिखीं जो जिस रिसाले में छपतीं मैं उसकी कटिंग अपने पास रखता। फिर साथ-साथ नाटक लिखते गए—कई एकांकी, कई पूरे नाटक (तीन अंकी)। उनके नाटक सिर्फ़ पढ़ने लायक नहीं हैं, बल्कि खेलने लायक हैं। हमने सभी नाटक खेले हैं। सागर भापा एडवरटाइज़िंग कम्पनी में नौकरी करते थे—जितनी तनख़्वाह मिलती वो नाटक खेलने में लगा देते थे। मैंने उनके लिखे कई नाटक खेले हैं। उनकी लिखी कई फ़िल्में डायरेक्ट की हैं। उनका एकांकी 'मसीहा' रिफ़्यूज़ियों के बारे में, मैंने डायरेक्ट किया। बहुत अच्छा रहा।

'एक शाम और गुज़र गई' नाटक वालों की ज़िन्दगी के बारे में—उनके हालात और कशमकश के बारे में है—पंडित सत्यदेव दुबे जी ने अपना किरदार खेला था और जतिन खन्ना (राजेश खन्ना) ने अपना किरदार खेला था। मैंने भी एक छोटी-सी भूमिका निभाई थी।

'ये कौन आया' कॉमेडी है—हल्की-फुल्की, 'एहसास की चुभन' दिल में उठी टीस है। 'इक बँगला बने न्यारा' एक कटाक्ष है—हाउसिंग प्रॉब्लम के बारे में—इसे इनाम भी मिला था। 'दायरा' एक बेकार नौजवान की कशमकश भरी ज़िन्दगी के बारे में है। 'मौत के ख़ुशगवार साये' Love sublime है। 'सपने की तारीक गली में' एक मज़दूर की अन्दरूनी कशमकश के बारे में है। 'सरिता के नाम' एक Revenge—बदले का नाटक है। 'काग़ज़ी कार्रवाई' में आदमी कहता है कि "मैं सात दिनों से मर चुका हूँ" और सरकारी अफ़सर उस की काग़ज़ी कार्रवाई शुरू करता है। कटाक्ष है।

'मसीहा' में विभाजन के वक़्त एक स्कूल मास्टर सरहद के इस पार पहुँच चुका है, वो अपनी खोई हुई बहन का इन्तज़ार करता है। बहन जब आती है तो होश खो चुकी है। मास्टर जी Barbed Wires के ऊपर चढ़ता है और उस तरफ़ रह जाता है। और वो Cross पर लटका रह जाता है।

तो रंगकर्मियो, एकांकी हाज़िर हैं—'पढ़ो और खेलो'—बड़ा मज़ा आएगा।

शुभकामनाएँ!

—रमेश तलवार

क्रम

कुछ अपने बारे में

मैंने जब भी अपने बारे में कुछ लिखने या कहने की कोशिश की, या तो वह बात ग़लत साबित हुई या एकतरफ़ा या अधूरी रह गई। फिर इनसान की फ़ितरत भी तो यही है कि अपनी ग़लतियों और कमज़ोरियों को ढका-छुपा रखे और अच्छाइयों और ख़ूबियों की चर्चा करता फिरे। इसलिए इन तमाम कमज़ोरियों का शिकार हूँ।

आज जब मैं अपनी स्टेज की ज़िन्दगी के बारे में लिखने लगा हूँ तो थोड़ी-सी दुश्वारी पेश आ रही है। क्योंकि जब मैंने लिखना शुरू किया तो इब्तिदा कहानियों से की थी। स्टेज के क़रीब कैसे आया मैं ठीक से नहीं कह सकता। मेरे दोस्तों का कहना है कि मैंने कुछ अच्छी कहानियाँ लिखी हैं। दोस्तों का, जिनकी मैं बहुत क़दर करता हूँ, आज भी यह ख़याल है कि मैं ड्रामों से बेहतर कहानियाँ लिखता हूँ। लेकिन ज्यों-ज्यों ड्रामे लिखता गया, मेरा लगाव स्टेज से बढ़ता गया। लगाव बुख़ार हो गया। धीरे-धीरे मैंने कहानियाँ लिखना कम कर दिया, या बन्द ही कर दिया। हाँ, साल-छह महीने में एक-आध कहानी जो ज़ेहन में आ जाए और जाने का नाम ही न ले तो रोते-रोते उसे लिख देता हूँ।

फिर स्टेज की ज़िन्दगी—मैं समझता हूँ कि दुनिया के किसी नाटककार की इतनी दुर्गत नहीं होगी जितनी कि साहब हमारी हुई। आपने टमाटर, पत्थर और जूते पड़ने की बातें तो सुनी ही होंगी। हमने तो साहब खाए हैं—एक बार तो हमारा एकांकी इतना हूट हुआ कि हम बीमार हो गए। क़सम खाई कि सागर सरहदी अगर ज़िन्दगी की ख़ैरियत चाहते हो तो बेटा नाटक मत लिखना। क़ैफ़ी आज़मी साहब को पता चला कि सागर जूते खाकर बीमार हो गया है। उन्होंने दो-तीन प्यार भरे सन्देश भेजे। शुरुआती इश्क़ है। फिर उन्हें कम्यूनिस्ट होने का फ़ायदा है। इकोनॉमी के बारे में बहुत कुछ जानते हैं। उन्हें विश्वास था कि कुछ सालों के बाद जूते बहुत महँगे हो जाएँगे, टमाटर शहरों से ग़ायब हो जाएँगे और पत्थर भी किसी तहज़ीबयाफ़्ता शहर की सड़कों पर मिलने नहीं चाहिए। इसलिए घबराने की कोई बात नहीं। फिर उन्होंने यह भी कहा कि मैं ड्रामे प्रोड्यूस करना छोड़ दूँ। इसकी ज़िम्मेदारी वह अपने सिर लेते हैं, लेकिन कुत्ते की दुम कहाँ सीधी होती है।

ख़ैर, मर्ज़ बढ़ता गया ज्यों-ज्यों दवा की। जब चालीस रुपए महीना कमाने लगे तो ड्रामे प्रोड्यूस करना शुरू कर दिए। सालहा-साल क़र्ज़ चुकाते रहे। एक मज़ेदार बात याद आई। मेरे एक मिलने वाले, अब नाम भूल गया हूँ, बहुत अच्छे सेट लगाते थे। उन्होंने मुझे एक थीम सुनाई और उस पर एकांकी का नाम मैंने 'दायरा' रखा। उन साहब ने एक और तजवीज़ रखी कि मेरा नाटक 'ख़याल की दस्तक' और 'दायरा' वह प्रोड्यूस करना चाहते हैं। हम बहुत ख़ुश हुए कि ख़र्च की झंझट से आज़ाद हुए।

वी.के. शर्मा ने (जिन्होंने 'सवेरा' नामी फ़िल्म डायरेक्ट की है) दोनों एकांकी डायरेक्ट किए। वार्डन रोड की टेरिस पर हमारा शो हुआ। हम बहुत ख़ुश थे कि हम लोगों में बैठकर अपना नाटक देखेंगे। बस शो के कुछ मिनटों पहले पता चला कि प्रोड्यूसर साहब ने किराये के 35 रुपए अदा नहीं किए, इसलिए शो नहीं हो सकता। बस फिर क्या था। हमने अपनी जेब से तीन रुपए ग्यारह आने निकाले, जिन दोस्तों को इनवाइट किया था, उनकी जेबों पर हमले किए। बड़ी मुश्किल से किराया अदा किया। ख़ैर, ख़ुदा-ख़ुदा करके शो हुआ और अच्छा हुआ। लोग ख़ुशी-ख़ुशी हमको मुबारकबाद की टॉफ़ियाँ देकर घर चले गए।

रात के ग्यारह बजे थे। मैं और वी.के. शर्मा, ग्रांट रोड स्टेशन के बाहर फुटपाथ पर बैठे थे और हम दोनों की जेब में फूटी कौड़ी भी नहीं थी। चंद एक बचे-खुचे लोग खाना खाकर शराब पीकर लौट रहे थे। जाते-जाते हमारी पीठ ठोंककर गए कि शो बहुत कामयाब रहा। हम लोगों ने नए तर्ज के एक्सपेरिमेंटल नाटक किए हैं, और हम लोग सोच रहे थे कि हम घर कैसे पहुँचेंगे? आख़िर हम दोनों ने तय किया कि बिना टिकट चलते हैं। अगर कहीं टी.टी. ने पकड़ लिया तो हम उसे अच्छा-ख़ासा भाषण देंगे कि हम इस देश के मशहूर नाटककार और डायरेक्टर हैं और अगर वह फिर भी मुतास्सिर नहीं हुआ उसकी बदक़िस्मती।

किंग सर्कल पहुँचे तो हमारे चेहरों के अलावा रात के भी बारह बज रहे थे। खाना नहीं खाया था। अजीब तल्ख़ी और उदासी थी दिलों में। घर कौन जाएगा? नींद कैसे आएगी—क्या हम ही रह गए हैं एक आर्ट और कला की सेवा के लिए? अगर हमने लिखना बन्द कर दिया तो क्या कमी रह जाएगी नाट्यकला में? फिर शो की थकन, महीने भर की रिहर्सल के बाद शो की टेंशन और शो अच्छा हो जाने की ज़रा सी ख़ुशी—अजीब-सी ख़ुशी। एक इसके लिए ही सारी मेहनत की गई थी। हमने अपने सभी दोस्तों के दरवाज़े खटखटाने शुरू किए। वे हैरत से हमें खिड़कियों, दरवाज़ों और बालकनियों से झाँककर देखने लगे कि रात को बारह बजे ये दो आदमी शहर की सड़कों पर लोगों को आवाज़ देकर, उठाकर परेशान कर रहे हैं। तो साहब हमने दोस्तों से चंदा जमा किया और आठ-दस रुपए की पूँजी लेकर दारू के अड्डे की तरफ़ बढ़े तो मैंने ऐलान किया कि अब मैं कभी

नाटक नहीं लिखूँगा, लानत हो मुझ पर, लानत हो नाटक पर। सबने इस फ़ैसले की ताईद की और इस ख़ुशी में हमने ठर्रा मँगाया। सुबह चार बजे तक पीते रहे। और इस वक़्त जब मैंने नाटक न लिखने की क़सम खाई तो एक और नाटक सूझा और तीसरे ही दिन वह एकांकी पढ़कर सुनाया जिसका नाम था 'एक शाम और गुज़र गई।' अब आप ही मेरे शानदार भविष्य का अन्दाज़ा लगाइए।

इस वाक़िये से कुछ तो साबित होता होगा। अगर कुछ साबित नहीं होता तो मुझे माफ़ कर दें। लिखते वक़्त यह वाक़िया याद आ गया तो लिख डाला। दरअसल मेरी याददाश्त बहुत कमज़ोर है। मेरी याददाश्त के बारे में कई लतीफ़े मशहूर हैं। एक आप को सुनाता हूँ—हम कई दोस्त पूना में फ़िल्म कर रहे थे। यह उन फक्कड़ दिनों की बात है जब हम दिल खोलकर हँस सकते थे। सनीचर की शाम थी। हम सब एक क़तार में थे। सारी सड़क घेर रखी थी। एक चौराहे पर एक हवलदार ने हमें रोक लिया। ख़ूब डाँटा। जानते नहीं हो, सनीचर का दिन है। रेस खेली जाती है। ट्रैफ़िक होती है और आप ट्रैफ़िक रोक रहे हैं। मैंने आगे बढ़कर ऐलान किया कि श्रीमान हवलदार साहब, आप इस निज़ाम में रहते हैं जहाँ आपकी ख़िदमात की कोई क़दर नहीं करता। आपको तनख़्वाह बहुत कम मिलती है। रोज़ बीवी से झगड़ा होता है और बच्चे पीठ पीछे आपको बुरा-भला कहते हैं। दो-एक बार आपने गालियाँ देते भी सुना होगा। पड़ोस वाले और जनता आपका मज़ाक़ उड़ाती है कि आप दुअन्नी-चवन्नी की रिश्वत भी क़बूल कर लेते हैं। इसलिए हालात की रंगा-रंगी से या बैरंगी से या नैरंगी से इसकी तस्वीर कभी-कभी आप अख़बार में देखते हैं, चिढ़े रहते हैं—कोई आपका दर्द नहीं समझता। मेरे अदीब होने और शायद आपको मालूम न हो, मैं ताज़ा-ताज़ा नाटककार भी बन गया हूँ इसलिए किरदारनिगारी मेरे हिस्से में आई है। आपका दर्द समझता हूँ। ग़लती हमारी है, लेकिन इतनी नहीं जितनी आप समझते हैं क्योंकि हम पूना के रहने वाले नहीं हैं। काश हम पूना के रहने वाले होते और रोज़ सेहतमंद ख़ूबसूरत लड़कियाँ देखने को मिलतीं। ताज़ा सब्ज़ियाँ खाने को मिलतीं। ख़ुशबूदार आबो-हवा से हमारे चेहरे भी चमकते लेकिन बदक़िस्मती हमारी कि हम बम्बई से आए हैं। मैं बी.ए. का विद्यार्थी हूँ और यह लीजिए मेरा आईडी कार्ड। बस ट्रेजडी हो गई साहब। एक तो वह आईडी कार्ड नहीं था। कॉलेज का लाइब्रेरी कार्ड था। दूसरे, जब उसने मेरा नाम पूछा तो मैं अपना नाम भूल गया। आप तो जानते हैं कि ख़ाकसार सागर सरहदी के नाम से मशहूर है। असली नाम तो मैं ख़ुद भी भूलता जा रहा हूँ और अगर वह नाम आपको बता दूँ तो आप भी हँसने लगेंगे। साहब वह गालियाँ सुनने को मिलीं कि नाम याद आ गया।

कॉलेज के दिनों में कुछ मज़ेदार बातें हुईं। उन दिनों ज़िया सरहदी की फ़िल्म 'हम लोग' लगी थी जिसने मुझे बहुत प्रभावित किया था। इसके डायलॉग हम

गली-कूचों में गाते थे। इसी से प्रभावित होकर मैंने एक ड्रामा लिखा 'ज़माना' जिसमें एक बेकार आदमी की ज़िन्दगी की तरफ़ इशारा था। ड्रामा कॉलेज से पढ़ा गया और हम रातोरात स्टार बन गए। कॉलेज की सबसे मशहूर हीरोइन 'इब्रावालिया' रोल करने के लिए राज़ी हो गई। एक और साहब जो कॉलेज के मशहूर एक्टर समझे जाते थे, वह साइड रोल करने लगे। हमारे डायलॉग की बहुत तारीफ़ हुई। सिर्फ़ इतनी कसर रह गई कि डायलॉग हाज़रीन न सुन सके। क्योंकि हमारी ज़िद से हीरो नए चुने गए थे जो आज डॉक्यूमेंट्री फ़िल्मों से बहुत नाम कमा चुके हैं। मिस्टर एस. सुखदेव। रिहर्सल में वह बड़े ज़ोर-शोर से डायलॉग बोलते थे लेकिन शो वाले दिन उनके डायलॉग या तो वे ख़ुद सुन सके या फिर मैं, क्योंकि मुझे अपने डायलॉग ज़ुबानी याद हो चुके थे। साइड एक्टर क्योंकि बेहतर एक्टर था, तजुर्बा था उसे, कुछ कॉमेडी भी शामिल थी उसके रोल में, वह चमक गया और हम रातोरात ग़ायब हो गए।

इस तरह एक और ड्रामे का सीन था, जिसमें एक एक्टर को टिफ़िन से खाना खाते हुए दिखाना था। जनाब या तो अपना रोल भूल गए या खाना इतना लज़ीज़ था कि पूरे ड्रामे में खाना खाते रहे।

एक और वाक़िया याद आया है। मैं अपनी खोली में सो रहा था। मेरे दोस्त ने आकर मुझे जगाया कि वह लड़की जो ड्रामे में काम करने वाली थी, वह इनकार कर रही है। उन दिनों मुझे बहुत ग़ुस्सा आता था। मैं उठकर बैठ गया। मैंने कहा,

"उसकी यह हिम्मत। मेरे ड्रामे में काम करने से इनकार करे। मैं उसका रोल ड्रामे से काट देता हूँ।"

"लेकिन करोगे कैसे, क्योंकि ड्रामा दूसरे ही दिन है।"

मैंने जवाब दिया,

"अभी और इसी वक़्त।"

मैंने पाजामा ऊपर किया, क़मीज़ ढूँढ़-ढाँढ़ कर पहनी और चल निकला। सड़क पर लड़की का रोल काटकर फेंक दिया। इसके बजाय क्या लिखा, कुछ याद नहीं। रात भर सड़कों और बग़ीचों में रिहर्सल करते रहे। दूसरे दिन ड्रामा खेला गया। ख़ासा फ़्लॉप हुआ था।

इसके बाद किसी लड़की ने मेरे ड्रामे में काम करने से इनकार तो नहीं किया, लेकिन दोस्तों ने एक मज़ाक़ गढ़ लिया कि क्या हुआ जो मेरा ड्रामा फ़्लॉप हुआ, मेरी हीरोइन तो ख़ूबसूरत थी।

आज मैं सोचता हूँ मेरे ड्रामे की लगन बहुत पुरानी, बहुत गहरी है। जब मैं छोटा था, शायद छह-सात साल की उम्र होगी—मेरे भाई थे। हम लोग अपने गाँव में नाटक करते थे। मैं नहीं, मेरे बड़े भाई करते थे। वह मुझसे चार-पाँच साल बड़े थे। यह तक़सीम से पहले की बात है। सरहद के हज़ारा ज़िला में हमारा एक बेहद

ख़ूबसूरत गाँव था। दरिया गाँव में बहता था। आँखें आसमान की तरफ़ उठाएँ तो रंग नीला और उफ़ुक़ की जानिब पहाड़ों की क़तारें, पहाड़ों में झरने गुनगुनाते थे। सर्दियों में हम झरनों की सरगोशी और तरन्नुम सुनते थे। दशहरे के दिनों से हर साल एक मँड़वा बाँधते थे। बड़े-बड़े शहतीर अपने सिरों पर उठाकर महीनों प्लेटफ़ार्म खड़ा करते थे। जिस्म पसीना-पसीना हो जाता था। हमारा काम सिर्फ़ शहतीर ढोना था। यानी जिस्म की मेहनत तक ही ताल्लुक़ था। और मेरे भाई अर्जुन और अभिमन्यु की अदाकारी करते थे। उन दिनों टैक्स भी नहीं हुआ करते थे। शो में सैकड़ों आदमी ज़मीन पर बैठकर, कोठे की छतों पर बैठकर नाटक देखते थे। मेरे भाई ग्रुप के माने हुए और मक़बूल कलाकार समझे जाते थे। कलाकार होने के साथ-साथ वह बेहद अच्छे ऑर्गनाइजर भी थे। ये बातें मैं इसलिए बता रहा हूँ कि थियेटर चलाने में मेरी कोशिश सिर्फ़ लिखने तक ही सीमित नहीं रही, बल्कि उसे तकमील तक पहुँचाने में जितनी कोशिशें दरकार हैं, मैंने सब की हैं। जिस्मानी मेहनत, भाग-दौड़, पैसे जमा करना, एक्टरों को जमा करना, हॉल बुक करना, पैसे की सारी ज़िम्मेदारी अपने ऊपर लेना। यह सब शायद इसलिए मुमकिन हुआ कि बचपन में मैं अपने भाई को देखा करता था। थियेटर में उनका साया बनकर रहता था। उनकी आख़िरी फ़रमाइश मुझे आज भी याद है। एक-एक लफ़्ज़, एक-एक फ़िक़रे पर तालियाँ, दाद, लोग उनको सिर पर बैठाते थे। शायद अभिमन्यु की अदाकारी कर रहे थे। बस इसके बाद वह बीमार पड़ गए। कई लोगों का कहना था कि उन्हें नज़र लग गई है। वह बिस्तर से नहीं उठ सके और एक तवील बीमारी के बाद चल बसे।

दूसरे साल उनकी ज़िम्मेदारी मैंने निभाने की कोशिश की। शहतीर ढूँढ़े गए, पर्दे इकट्ठे किए गए। पैसे जमा किए गए। मँड़वा तैयार हुआ। मैंने कहा, यह रिवायत बरक़रार रहनी चाहिए। मैंने रोल भी लिया, याद किया, रिहर्सल की। अगर भाई साहब क्लाइमेक्स थे तो मैं एंटी क्लाइमेक्स था। वह उरूज पर थे और मेरी आवाज़ मैं ख़ुद भी न सुन सका था। सामने लोगों को बैठा देखकर होशो-हवास खो बैठा, सिट्टी-पिट्टी गुम हो गई। भागने के लिए कोने ढूँढ़ने लगा। पर्दों के साये में, मुँह दूसरी तरफ़ किए, पसीना-पसीना आसमान की तरफ़ नज़र उठाए दुआ पढ़ रहा था और सोच रहा था कि मैं कहाँ, किस जगह, क्यों आ गया हूँ। दूसरे दिन जब लोगों ने पूछा कि मैं भी ड्रामे में काम कर रहा था तो मैंने सिरे से इनकार कर दिया कि मैं तो था ही नहीं स्टेज पर।

उस दिन से मैं स्टेज पर जाने के ख़याल से काँपता हूँ। एक्टरों को हैरत से देखता हूँ। हालाँकि सारी ज़िन्दगी एक्टरों के साथ गुज़ारी है लेकिन यह राज़ आज तक नहीं समझ सका कि वे इतने लोगों के सामने कैसे आराम से बोलते रहते हैं। लम्बे-लम्बे डायलॉग सुनाते हैं। ये एक्टर तो मेरे लिए मौजज़ा है। बिलकुल समझ के बाहर।

मेरे पहले फुल लेंथ ड्रामे 'मेरे देश के गाँव' को जिसे मैंने बाद में रद्द कर दिया था, हुकूमते-महाराष्ट्र के सालाना इनामी मुक़ाबले में सात अवार्ड मिले थे, जिसमें साल के बेहतरीन ड्रामे का अवार्ड भी शामिल था। यह ड्रामा हमने इंडियन नेशनल थियेटर की तरफ़ से किया था। वी. के. शर्मा ने इसकी हिदायत दी थी। उन दिनों हम सब कॉलेज में पढ़ते थे। इंडियन नेशनल थियेटर के कारकुनों ने हमारे एजाज़ में एक फंक्शन किया था। इस शो के हर अवॉर्डयाफ़्ता को स्टेज पर बुलाकर उसका तआर्रुफ़ हाज़रीन से कराया गया था। जब मुझे इस बात का इल्म हुआ कि मुझे भी स्टेज पर जाना होगा तो दो-एक मिनट पहले ही हॉल से निकलकर कैंटीन में चला गया। जब मेरा नाम पुकारा गया तो सागर सरहदी नदारद था। मुझे ढूँढ़ा गया। लोगों के भी सबर की इंतहा होती है। बहरहाल मुझे कैंटीन में घेर लिया गया। इसमें मेरे दोस्तों की शरारत भी थी। वे जानते थे कि मैं स्टेज पर जाने से कतराता हूँ। मैंने बहुत मिन्नत-समाजत की, हाथ जोड़े और जब ऊपर पहुँचने से बिलकुल इनकार कर दिया तो मुझे घसीटकर उठाकर स्टेज पर ले आए। मेरी हालत ग़ैर थी। कैसे खड़ा था, हाथों को क्या करना चाहिए, उन्हें कैसे इस्तेमाल करना चाहिए, लोगों को कैसे नमस्कार करना चाहिए। बस शोरोगुल, तालियाँ और क़हक़हे गूँज रहे थे। जैसे मैं कोई कॉमेडी रोल अदा कर रहा हूँ।

मेरी इस अनोखी सलाहियत का एक और ऑर्गनाइजेशन ने बहुत फ़ायदा उठाया। एक शाम मैं मुँह उठाए हॉल में चला गया कि अहमदी बेगम चोपड़ा की ग़ज़लें सुनूँगा—हॉल में पहुँचते ही एक साहब मेरे इस्तक़बाल के लिए बढ़े और कहा,

"अच्छा हुआ तुम आ गए।"

मैं बाक़ायदा मुस्कराता रहा और क़तई न समझ सका कि कैसे अच्छा हुआ, वह भी मेरे आने से। फिर उन्होंने मुझे चाय पिलाई तो मुझे अपने आप पर शक हुआ कि कहीं ग़लत आदमी तो नहीं समझ रहा है। मैंने कहा,

"भाई साहब! मैं आपकी क्या ख़िदमत कर सकता हूँ?"

मैंने अपने हाथों की तरफ़ देखा, फिर उनकी तरफ़ और अपने को ढूँढ़ने लगा।

उन्होंने फ़ौरन मेरे शक को दूर करने के लिए कहा,

"आज हमारा प्रोग्राम है। आप एनाउंस कर दीजिए। आपको ज़हमत होगी।"

मैंने उनका दिल रखने के लिए कहा,

"मुझे बड़ी ख़ुशी होगी। आप परेशान न हों। मेरी आवाज़ भी अच्छी है और मैं आपका सारा प्रोग्राम कम्पेयर कर दूँगा। आप जिन्दगी भर याद करेंगे।"

हुआ भी वही, मेरा ख़याल है ज़िन्दगी भर वह मुझे याद करेंगे अगर उनकी सोसाइटी बन्द न हुई हो तो। मैं झट स्टेज पर गया। मुझे बताया गया कि अहमदी बेगम चोपड़ा फ़लाँ ग़ज़ल गाकर सुनाएँगी। मैंने बड़ी स्टाइल से माइक ऑन कर

दिया। बस यही सबसे बड़ी गड़बड़ हो गई। मुझे माइक ऑन न करना चाहिए था। मैं बेहद नर्वस हो गया। मैंने पहले चोपड़ा कहा या अहमदी और ग़ज़ल के बोल पता नहीं क्या कहा—बेगम ने मेरी तरफ़ देखा जो स्टेज पर बैठी थीं। मैं और घबरा गया। आख़िर मैं अपना ग़लत नाम एनाउंस करके जो भागा तो आज तक उस हॉल पर वापस नहीं गया। उन साहब पर क्या गुज़री होगी जिन्होंने मुझे चाय पिलाई थी और यह फ़िक़रा कहकर नवाज़ा था,

"अच्छा हुआ तुम आ गए।"

शायद यही बात दिल के किसी गोशे में बैठ गई थी। एक्टर न सही, राइटर ही सही। ख़ुद नहीं बोल सकते तो दूसरों से बुलवाएँगे। बहरहाल वह दौर शुरू हुआ कि ड्रामे मक़बूल होने लगे। एक-एक लफ़्ज़ पर तालियाँ और दाद मिलने लगी। अच्छे ड्रामानवीसों में नाम शुमार किया जाने लगा तो रोज़ी कमाने का ख़याल आया। कॉलेज के दिन निकल गए थे। सुबह उठता तो पहला सवाल यह होता कि करूँ क्या? नौकरी से इस्तीफ़ा दे दिया। दस काम और शुरू किए। कहीं कामयाबी नहीं मिली। थियेटर से पैसा कमाना तो रेगिस्तान में पानी तलाश करना है। फ़िल्मों से सख़्त नफ़रत थी। फ़िल्मी माहौल से दूर भागता था। लेकिन अच्छी फ़िल्में देखने का बेहद शौक़ था। पढ़ता भी था। दुनिया-भर के अच्छे डायरेक्टरों की किताबें पढ़ी थीं, फ़िल्में देखी थीं। उनके बारे में पढ़ा था। आख़िर फ़िल्म बनाने की सूझी। कहानी लिखी, नौ दिन शूटिंग की, डायरेक्ट की और किसी वजह से फ़िल्म बन्द हो गई। बीस-पच्चीस हज़ार का क़र्ज़ा सिर पर लेकर बैठ गया।

इसके सिवा कोई चारा न था कि डायलॉग लिखना शुरू करूँ। किसी तरह दो वक़्त की रोटी तो मिले। अपना क़र्ज़ा चुका सकूँ और शायद इस क़ाबिल हो जाऊँ कि फिर फ़िल्म बना सकूँ। फ़िल्म 'अनुभव' के डायलॉग लिखे। फिर 'सवेरा', आख़िर में 'कभी-कभी'—अब हम मक़बूल हो गए। शोहरत, नाम, मसरूफ़ियत सब कुछ है।

उन्हीं दिनों का वाक़िया है। दिसम्बर का महीना था। मैं 'सवेरा' लिखने के लिए बंगलौर गया था। पहला आधा हिस्सा महाबलेश्वर में लिखा था, दूसरा आधा हिस्सा बंगलौर में लिख रहा था।

उस दिन डायलॉग ख़त्म किए। गुरनाम जो उस फ़िल्म का प्रोड्यूसर और मेरा दोस्त था, उसके फ़ोन का इन्तज़ार कर रहा था। काम ख़त्म करने की ख़ुशी भी थी। कुछ हल्का-फुल्का महसूस कर रहा था। इसलिए फ़िल्म देखने चला गया। रात को नौ-दस बजे के बाद पैदल चलता हुआ होटल की तरफ़ आ रहा था। सन्नाटा था। अच्छी-ख़ासी तनहाई थी। ख़ुद से बातें करने को जी चाह रहा था। दिमाग़ सोच की तरफ़ पागल था।

छोटी-छोटी अच्छी-बुरी बातें, जानी बातें, अपने बारे में लिखने के बारे में।

ठंड बहुत थी। दिसम्बर की ख़ुनकी जो धीरे-धीरे बड़ी तेज़ी से बढ़ती जा रही थी और अचानक एक पार्क से गुज़रते हुए मैं दहाड़ें मारकर रो पड़ा। क्या मैंने सारी ज़िन्दगी इसलिए मेहनत की है, पढ़ा है, सोचा है, चंद उसूलों और क़दरों को माना है कि आख़िर में डायलॉग राइटर बन जाऊँ?

'सवेरा' के मुकालमे मैं लिखूँ? पता नहीं कितनी देर रोता रहा। तय हो गया कि मैं लिखना भूल गया हूँ। कहानियाँ लिखनी कम हो गई हैं और अब नाटक लिखना भूल चुका हूँ। होटल पहुँचा तो क़लम हाथ में लिया। अपने आप से कहा—देखो तुम्हें लिखना आता है। कोशिश तो करो—इसी रात मैंने एक कहानी 'मुतवाज़ी लकीरें' लिखनी शुरू की और दूसरे दिन कहानी ख़त्म कर दी। अब डायलॉग लिखना भी कम होता है—वही दो रोटी जुटाने की कोशिश करता हूँ। रुपया कमाना कभी नहीं सोचा। इतना कमाना चाहता हूँ जितना जीने के लिए ज़रूरी है। फ़िल्म बनाने का फिर इरादा कर रहा हूँ—कहानी भी तय कर ली है। कहानी से फ़ासला तय करके नाटक तक पहुँचा था, अब फ़िल्म बनाने तक आ गया हूँ। कितना हक़ अदा कर सकूँगा नहीं जानता। सिर्फ़ इतना कह सकता हूँ—

है जुस्तजू कि ख़ूब से है ख़ूब-तर कहाँ
अब ठहरती है देखिए जा कर नज़र कहाँ।

एक शाम और गुज़र गई

पात्र

अदाकार 1	:	पहला अदाकार
अदाकार 2	:	दूसरा अदाकार
अदाकार 3	:	तीसरा अदाकार
अदाकार 4	:	चौथा अदाकार
अदाकार 5	:	पाँचवाँ अदाकार
अदीब	:	अदीब
दो लड़कियाँ	:	दो लड़कियाँ

[फ़ुटपाथ।]

[पेशमंज़र में ईरानी होटल है। कभी-कभी फ़िल्मी गानों, मौसीक़ी और एक-आध करख़त आवाज़ें सुनाई देती हैं। सब किरदार पोज़ बनाए बैठे हैं। शाम का वक़्त है, और शाम की उदासी उन पर छाई हुई है।]

अदीब : सूरज ग़रूब हो रहा है।

पहला : बस चन्द घड़ियाँ और। सूरज समन्दर के बेकराँ, गहरे पानियों में गुम होके रह जाएगा।

अदीब : अभी कुछ घड़ियों में अँधेरा हो जाएगा।

पहला : न अँधेरा होगा, न उजाला होगा। न दिल तड़पेगा, न आह उठेगी। अँधेरा-उजाला हमारे अहसास के कंकरों को धुँधला बनाता रहेगा। और थोड़ी देर में हमारे जज़्बात पर काई जम जाएगी।

अदीब : सूरज डूब चुका है।

पहला : आख़िरी किरणें बुझती जा रही हैं।

अदीब : आख़िरी किरणें बुझ चुकी हैं।

[दोनों आहिस्ता-आहिस्ता बैठ जाते हैं।]

[वक़्फ़ा]

अदाकार एक : ज़िन्दगी इसी तरह कट जाए।

अदाकार तीन : कैसे?

अदाकार एक : या तो नाटक करते रहें, या शाम रिहर्सल करते गुज़र जाए।

अदाकार तीन : धन्य हो गुरु! तुम्हारी एक-एक बात से आर्ट और कला की बू आती है।

अदाकार चार : बू नहीं बन्धु, बदबू कहो।

अदाकार तीन : आप कृपया चुप रहें।

अदाकार एक : शाम का एक और इलाज भी है।

अदाकार तीन : वह क्या?

अदाकार एक : कोई हसीन लड़की।

अदाकार चार : सोलह साल की, या अठारह की, या कोई ऐसी सूरत, जिसकी अभी-अभी शादी हुई हो और वह अपने पति से नाख़ुश हो। अमीर हो। चाल में कमान हो। आँखों में कभी बिजली हो, कभी चाँदनी हो। होंठों पर कभी मुस्कान हो, कभी आह हो। संगीत में कभी मोम हो, कभी पानी।

अदाकार एक : शाम का एक और इलाज भी है।

अदाकार तीन : गुरु, कोई सस्ता सा तरीक़ा बताओ।

अदाकार एक : शराब उर्फ़ ठर्रा।

अदाकार तीन : मज़ा आ गया। जी गए हम। बिजली सी दौड़ गई जिस्म में।

अदाकार एक : *(तीसरे से)* मूर्ख!

अदाकार तीन : जी!

अदाकार एक : जीवन का कल्यान करना है तो?

अदाकार तीन : गुरु, हमारी ज़िन्दगी हाज़िर है।

अदाकार एक : तुम्हारी ज़िन्दगी एक कुत्ते के समान है।

अदाकार तीन : आप जो चाहे कहें, लेकिन हम जो कुछ भी हैं, आपकी बदौलत हैं। जिस दिन आपने मुझे अपने नाटक में काम दिया, वह दिन बड़ा शुभ था, वह घड़ी निहायत क़ीमती थी।

अदाकार दो : ए पोज़ मत मार, एक्टिंग मत झाड़। यह स्टेज नहीं, फ़ुटपाथ है। और तू जानता है किसके साथ बैठा है।

[तीसरा अदाकार उसे देखता हुआ पीछे हट जाता है।

दूसरा अदाकार पहले अदाकार के पास आता है। वह बड़ी बेशर्मी से मुस्कराता है।]

अदाकार पाँच : गुरुजी! हमें भी एक चांस दे दीजिए।

[पहला अदाकार उसे घूरते हुए देखता है।]

अदाकार एक : होटल में बैरा हो जा। मोज़े बेच। गंजी, फ्राक बेच।

अदाकार पाँच : छोटा-सा चांस, क्या मालूम कल मैं भी आपकी तरह मशहूर कलाकार बन जाऊँ।

अदाकार एक : शेक्सपियर को पढ़ा है?

अदाकार पाँच : नहीं।

अदाकार एक : शॉ, इब्सन, चेखव, सार्त्र।

अदाकार पाँच : यह सब लोग कौन थे?

अदाकार एक : ...भारतवर्ष की...औलाद, यह न पूछो कि यह लोग कौन थे।

अदाकार पाँच : छोटा-सा चांस।

अदाकार एक : नाटक में काम किया है?

अदाकार पाँच : अभी तक तो नहीं।

अदाकार एक : नाटक देखा है?

अदाकार पाँच : स्कूल में एक नाटक देखा था।

अदाकार एक : तो बालक, भगवान की महिमा गा। उससे प्रार्थना कर कि तुम्हें जीने का अधिकार दे। कलाकार बनने की न सोच। और मुझे बोर न कर।

अदाकार तीन : अब तू जाता है या नहीं। सुन नहीं लिया। इनके...कभी टाले टल्ले हैं।

अदाकार पाँच : मैं 500 का एडवरटिज़मेंट लाऊँगा। मैं 100 रुपये के टिकट बेचूँगा।

अदाकार एक : वह 100 रुपये मुझे दे दे, और मेरे सिर की मालिश कर।

अदाकार दो : अभी चाय पिला सकता है?

अदाकार पाँच : अभी तो मेरे पास पैसे नहीं हैं, लेकिन मैं एडवरटाइज़...

[तीसरा अदाकार उसे घसीटकर ले जाता है।]

अदीब : यह शाम का वक़्त बड़ा बोझिल होता है। मैंने बचपन में एक मंज़र देखा था।

अदाकार तीन : कैसा मंज़र?

अदीब : एक पहाड़ी नाले से एक शहतीर लुढ़कता हुआ नीचे बह रहा था। वह नाले के दोनों किनारों से टकरा रहा था। उस वक़्त भी शाम का वक़्त था। अकेला और...हाय रे उस शहतीर की क़िस्मत।

अदाकार एक : मुझे तो ऐसा लगता है कि मेरी सारी मायूसी, सारी बेबसी इस वक़्त तक़ाज़ा कर रही है कि सरे बाज़ार रो पड़ूँ।

अदीब : *शाम से कुछ बुझा सा रहता है,*
दिल हुआ है चिराग़ मुफलिस का

अदाकार तीन : वाह वाह, क्या शायरी है, 'शाम से कुछ बुझा सा रहता है', ये आपने लिखा है?

अदीब : यह शेर मीर का है।

अदाकार तीन : ख़ूबसूरत शेर है, है ना!

अदीब : बड़ा ख़ूबसूरत शेर है।

अदाकार तीन : *(पहले से)* गुरु! हमारी ज़िन्दगी यूँ ही कटेगी? यूँ ही तरसते हुए, प्यासे, थके हुए और उम्मीद की ख़ातिर भटकते हुए।

अदाकार एक : हम इस देश के कलाकार हैं, यही हमारी क़िस्मत है।

अदीब : मालूम है मेरे सबसे ख़ूबसूरत दिन कौन से थे?

अदाकार एक : ख़ूबसूरत दिन थे कभी?

अदीब : हाँ! ज़माना बीत चुका है। लगता है इस युग की बात नहीं बल्कि इस ज़िन्दगी की बात नहीं। मैं घर जाया करता था तो मेरे बहन-भाई मुझसे लिपट जाया करते थे। मेरी कमर पर सवार हो जाया करते थे। सबसे छोटा भाई जो अभी तोतला था, दो साल की उमर थी, अपनी नन्ही-सी हथेली मेरे आगे बढ़ाया करता था। *(आवाज़ भर आई है)* और मैं उसकी हथेली पर कोई सिक्का रख दिया करता था। वह ख़ुशी जो उसके मासूम चेहरे पर देखी, वह ख़ुशी वह..., मैं उस लम्हे के लिए तरसता हूँ।

अदाकार चार : *शहर की रात और मैं नाशाद-ओ-नाकारा फिरूँ*
जगमगाती जागती सड़कों पे आवारा फिरूँ
ग़ैर की बस्ती है कब तक दर-बदर मारा फिरूँ।
ए ग़मे दिल क्या करूँ, ए वहशते दिल क्या करूँ
रात हँस-हँस कर ये कहती है कि मयख़ाने में चल
फिर किसी शहनाज़-ए-लालारुख़ के काशाने में चल
ये नहीं मुमकिन तो फिर ए दोस्त वीराने में चल
ए ग़मे दिल क्या करूँ, ए वहशते दिल क्या करूँ।

अदाकार एक : *(तीसरे अदाकार से)* यार आज की शाम तुम नहीं बचा सकते हो। एक बोतल का बन्दोबस्त कर दो। पाँच रुपल्ली की बात है।

अदाकार तीन : मैं क्या करूँ? कहाँ से करूँ?

अदाकार दो : जहाँ से रोज़ करते हो।

अदाकार तीन : आप महाशय न बोलिए। आपको कोई हक़ नहीं है।

अदाकार दो : अरे मुझे न पिलाना। मैंने कभी तुम्हें पिलाने को कहा है?

अदाकार तीन : लेकिन आपने पहल भी तो नहीं की।

अदाकार दो : मैं नहीं चाहता कि आप लोग सस्ती-सी, घटिया-सी शराब पिएँ। क़ै करें। और दूसरे रोज़ सारा दिन सर चकराया करे। हमारे कलाकार इसीलिए तो आगे बढ़ नहीं पाते। इनको देखिए *(पहले अदाकार की तरफ़)* कितने मशहूर कलाकार हैं। कितने बड़े डायरेक्टर हैं। जब स्टेज पर आते हैं तो तालियाँ बजती हैं। लड़के-लड़कियाँ हसरत भरी नज़रों से इन्हें देखते हैं। और क्या किया इन्होंने। बीस रुपये महीने में नहीं कमा सके।

अदाकार एक : मैं ख़ुदा से दुआ करता हूँ कि तुम्हें दर्द से आशना करे। मैं दुआ करता हूँ कि तुम्हें कलाकार का दिल दे।

अदाकार दो : बस! सच्ची बात कही तो फ़िकरों पर आ गए। मैं कहता हूँ तुम लोगों ने शराब को शर्त क्यों बना ली है।

अदाकार एक : अरे कमबख़्त तूने पी ही नहीं।

अदाकार दो : ...मैंने पी है। आपसे ज़्यादा पी है। लेकिन यूँ आवारा, गुनाहगारों, लोफ़रों की तरह गन्दी गलियों में, बदबूदार अड्डों पे, दुकान के पिछवाड़ों और गड्ढों में नहीं पी।

अदाकार तीन : यार तुम्हारी बात हम मान लेते हैं। हम वायदा करते हैं कि कभी नहीं पिएँगे। बस आज की शाम हमें पिला दे।

अदाकार दो : कल भी आप यही कहेंगे।

अदाकार तीन : हम पर भरोसा नहीं।

अदाकार दो : बिलकुल नहीं।

अदाकार तीन : शर्म आनी चाहिए। तू अपने दोस्तों पर शक करता है। अपने डायरेक्टर की इज़्ज़त नहीं करता।

अदाकार दो : पूछो इससे। मैंने क्या नहीं किया। बीमार हुआ तो दवा लाकर दी है। भूख लगी है तो खाना खिलाया है। अकेला हुआ है तो साथ दिया है।

अदाकार तीन : लेकिन आज शराब नहीं पिलाओगे।

अदाकार दो : मेरे पास पैसे नहीं हैं।

अदाकार तीन : तुम्हारा बाप मिल का मालिक है। तुम्हारी दो दर्जन गाड़ियाँ हैं।

अदाकार दो : वह रुपैया मेरा नहीं है। मुझे कोई अधिकार नहीं है कि अपने डैडी का कमाया हुआ रुपैया ख़र्च करूँ।

अदाकार तीन : लड़कियों पर तो ख़र्च कर सकता है?

अदाकार दो : वह मेरी वीकनेस है।

अदाकार एक : एक अन्धा फ़क़ीर ख़ैरात के लिए सदा लगा रहा था, वह एक जगह रुक गया। उसे मालूम था कि कोई...खड़ा है और उसे ज़रूर ख़ैरात देगा। वहीं से आवाज़ आई—"फ़क़ीर बाबा! आगे चल दे। मैं भी तुम्हारी तरह फ़क़ीर हूँ।"

अदाकार दो : मैं फ़क़ीर नहीं हूँ। रम और व्हिस्की पिला सकता हूँ। शैम्पेन तक पिला सकता हूँ।

अदाकार तीन : लेकिन ठर्रा नहीं पिला सकते।

अदाकार दो : हाँ, ठर्रा नहीं पिला सकता। क्योंकि मैं तुम लोगों का भला चाहता हूँ।

अदाकार तीन : व्हिस्की पिला दे।

अदाकार दो : आज तो मेरे पास पैसे ही नहीं।

अदाकार एक : *(तीसरे अदाकार से)* तुम जाओ यार, वक़्त निकला जा रहा है।

अदाकार तीन : लेकिन मैं कहाँ जाऊँ! मैंने कोई रिश्तेदार नहीं छोड़ा। कोई दोस्त नहीं छोड़ा। और तो और कोई पहली बार मिला है तो उससे भी पैसे माँग लिये हैं।

अदाकार एक : यार कोशिश तो कर देख।

अदाकार तीन : अच्छी बात है, कोशिश कर देखता हूँ।

अदाकार दो : वापस आना।

अदाकार तीन : तुम्हारी तरह नहीं हूँ। *(चला जाता है।)*

अदाकार दो : मेरी तरह क्या, मेरे दुश्मनों के बराबर भी नहीं हो।

[वक़्फ़ा]

अदीब : *ज़िन्दगी गुम है यूँ अँधेरों में*
जैसे जंगल में रात हो जाए
कट गए अपनी जवानी के कई साल यूँ ही
रोज़ व शब, कूचे ओ बाज़ार में मंडराते हुए।
कभी हँसकर, कभी रोकर, कभी ख़ामोशी से।

दिल बेताब को हर ग़म पे बहलाते हुए।
कट गए अपनी जवानी के...साल यूँ ही।

[इतने में दो मॉडर्न लड़कियाँ गुज़रकर ईरानी होटल में जाती हैं। दूसरा अदाकार फ़ौरन उठता है। अपने बाल दुरुस्त करता है। जेब से गाड़ी की चाबी निकालकर घुमाता है। फिर एक सिगरेट सुलगाता है। उनमें से एक लड़की आइसक्रीम खाती हुई बाहर निकलती है। दूसरा अदाकार आगे बढ़ता है। वह अपनी अदाकारी का सारा ज़ोर लगाता है। आवाज़ भारी बनाकर। गर्दन को झटके देकर।]

अदाकार दो : माफ़ कीजिए, मैं...

पहली लड़की : यैस?

अदाकार दो : येस येस। हीरोइन।

पहली लड़की : कहिए?

अदाकार दो : आप ज़ेवियर में पढ़ती हैं?

पहली लड़की : नो! एलफिंस्टन में।

अदाकार दो : आय एम सॉरी। हाँ एलफ़िंस्टन में। येस येस। आपके हिन्दी के प्रोफ़ेसर ने...

पहली लड़की : मिस्टर पांडे...

अदाकार दो : येस मिस्टर पांडे...उन्होंने मुझे बुलाया था। दरअसल हमें अपने ड्रामे के लिए एक हीरोइन की तलाश थी।

पहली लड़की : हीरोइन?

अदाकार दो : येस येस! हीरोइन। आपको पहली नज़र देखकर ही मैंने अपने डायरेक्टर साहब से ज़िक्र किया था कि आप लाजवाब आर्टिस्ट बन सकती हैं। माफ़ कीजिए बन सकती हैं, आप हैं नहीं अभी। इसके लिए आइए, मैं अपने डायरेक्टर से आपको मिला दूँ। *(पहले अदाकार की तरफ़ जाता है)* यह हमारे डायरेक्टर साहब हैं। बम्बई में माने हुए डायरेक्टर हैं, और यह हैं जी मिस...?

पहली लड़की : मेरा नाम नीलम है।

अदाकार दो : कितना ख़ूबसूरत नाम है। कितना...कितना हैरत-अंगेज़। नाम जैसे ज़ेहन में फूल खिल जाए।

पहली लड़की : लेकिन आपका नाम?

अदाकार दो : मुझे किसी भी नाम से याद कर लीजिए। कोई नाम जो आपको

पसन्द हो। मेरा नम्बर ले लीजिए। प्लीज़ राइट डाउन।

पहली लड़की : तो मैं कल कहाँ आपको कॉन्टैक्ट करूँ? क्या आप समझते हैं कि मैं एक आर्टिस्ट बन सकती हूँ।

अदाकार दो : आप एक बहुत बड़ी आर्टिस्ट बन सकती हैं।

पहली लड़की : लेकिन मैंने कभी ड्रामे में काम नहीं किया। इसलिए...

अदाकार दो : इससे क्या होता है। मेरा तो यह कहना कि हर हसीन लड़की महान कलाकार होती है।

पहली लड़की : यू आर नॉट फ़्लैटरिंग मी।

अदाकार दो : यही आज की मॉडर्न लड़कियों में कमी है।
दे लैक कॉन्फ़िडेंस।
दे लैक इनिशिएटिव।
ओह गॉड! आय से यू कैन बिकम ए वंडरफुल आर्टिस्ट।

पहली लड़की : रियली?

अदाकार दो : ओह येस। लेकिन?...इसके लिए आपको मेहनत करनी होगी।

नीलम : आय विल डू माय बेस्ट।

अदाकार दो : तो कल मैं आपको मिल सकता हूँ?

नीलम : कल कॉलेज आ जाइएगा।

अदाकार दो : व्हाई डोंट यू मीट मी आउटसाइड? ऐसा क्यों नहीं करतीं, आप ठीक ग्यारह बजे कॉलेज के बाहर आ जाइएगा। मैं अपनी गाड़ी में आऊँगा।

नीलम : आपके पास गाड़ी है?

अदाकार दो : आपकी दुआ है। आर्टिस्ट आदमी हैं। सब कुछ कला और स्टेज के लिए...कर रखा है।

नीलम : ओह! हाउ नाइस यू आर।

अदाकार दो : आई थिंक यू आर वेरी स्वीट। *(नीलम खिलखिलाई)* लेकिन इस वक़्त मुझे इस आइसक्रीम की क़िस्मत पर रश्क आ रहा है।

पहली लड़की : वह क्यों?

अदाकार दो : ये आपके होंठों को छूने की जुर्रत कर सकती है।

पहली लड़की : ओह यू जेलस बॉय। आई विल गिव यू ए कैंडी।

[वह होटल की तरफ़ जाती है।]

अदाकार दो : हम तो आइसक्रीम खाकर दिल की आग बुझाएँगे।

[दूसरी लड़की दाख़िल होती है।]

अदाकार दो : एक्सक्यूज़ मी मिस?

दूसरी लड़की : येस?

अदाकार दो : आप एलफ़िंस्टन में पढ़ती हैं?

दूसरी लड़की : जी नहीं! ज़ेवियर में।

अदाकार दो : ओह येस! ज़ेवियर दरअसल आपके हिन्दी के प्रोफ़ेसर...

दूसरी लड़की : मिस्टर त्रिपाठी...

अदाकार दो : ओह येस! मिस्टर त्रिपाठी। दरअसल हम लोग एक हीरोइन की तलाश में हैं।

दूसरी लड़की : कैसी हीरोइन?

अदाकार दो : अपने ड्रामे की! दरअसल मैं आपको ज़ेवियर में देखा करता था।

दूसरी लड़की : आप ज़ेवियर में पढ़ते हैं?

अदाकार दो : जी नहीं। सिर्फ़ आपको देखने की ख़ातिर चला आया करता था। साढ़े दस बजे मैं अपना कॉलेज छोड़ता था, और अपनी कार में दस मिनटों में आपके कॉलेज पहुँच जाया करता था।

दूसरी लड़की : मैंने आपको कभी देखा नहीं।

अदाकार दो : लेकिन आपने मेरी गाड़ी ज़रूरी देखी होगी।

दूसरी लड़की : आपकी गाड़ी?

अदाकार दो : वह देखिए! ग्रे रंग की। ज़रूर देखी होगी आपने।

दूसरी लड़की : हाँ, मुझे याद आ रहा है।

अदाकार दो : मैं रोज़ अपने डायरेक्टर साहब, और अपने ड्रामा टीम से आपका ज़िक्र किया करता था कि अगर आप हमारे ग्रुप में शामिल हो जाएँ तो रही-सही कसर भी पूरी हो जाएगी।

दूसरी लड़की : मुझे भी ड्रामे में काम करने का बहुत शौक़ है।

अदाकार दो : मैं कहता हूँ आप निहायत ख़ूबसूरत हीरोइन बन सकती हैं। और एक वक़्त होगा, आपको शोहरत मिलेगी। नाम मिलेगा, और हमारे जैसे दर्जनों आपकी राह देखा करेंगे।

दूसरी लड़की : मैं आपका ये एहसान कभी नहीं भूलूँगी।

अदाकार दो : रहने दीजिए साहब। पैसा आ जाए तो नाम भी हो जाएगा। तो कौन किसको याद करता है।

दूसरी लड़की : मैं इनमें से नहीं हूँ।

अदाकार दो : आई होप यू आर नॉट। तो कल आप मुझे रिंग कर रही हैं?

दूसरी लड़की : रिंग?

अदाकार दो : हाँ-हाँ, मेरा नम्बर नोट कर लीजिए। 421542, ठीक दस बजे।

दूसरी लड़की : आपका नाम?

अदाकार दो : नाम क्या? आप दस बजे फ़ोन कीजिए। मैं फ़ोन के पास रहूँगा। आपका इन्तज़ार करूँगा। अब तो नींद भी हराम हुई समझो।

दूसरी लड़की : ही ही...नींद न आए तो स्लीपिंग पिल्स खा लीजिए।

अदाकार दो : 1 पिल या पिल्स खा लूँ?

दूसरी लड़की : ओह! डोंट बी सिली।

अदाकार दो : हाँ, अगर कल फ़ोन न आया तो यही रास्ता रह गया है।

दूसरी लड़की : आई विल गिव यू ए रिंग।

अदाकार दो : आई थिंक यू आर वेरी स्वीट।

दूसरी लड़की : *(वह हँसी)*।

[पहली लड़की आ जाती है।]

पहली लड़की : यू नो हिम?

दूसरी लड़की : ओह येस! ही वाज माई क्लास फ़ेलो, येस क्लास फेलो।

पहली लड़की : आई थिंक यू हैव ब्रॉट फॉर मी।

दूसरी लड़की : ऑफ़कोर्स।

पहली लड़की : सो वी मीट टुमॉरो।

[वे दोनों हँसती हुई निकल जाती हैं।]

अदाकार चार : तुम बन्धु! ख़ूब उठा रहे हो कला का फ़ायदा।

अदाकार दो : कैसा फ़ायदा?

अदाकार चार : तुम लोगों से आर्ट बदनाम है। स्टेज बदनाम है। तुम लोग आर्ट का कारोबार करते हो। जिस्म बेच देते हो। आर्ट की सौदागिरी करते हो। *(चीख़कर)* यू पीपल प्रॉस्टीट्यूट आर्ट।

अदाकार दो : यू आर जस्ट जेलस।

अदाकार चार : यू कॉल्ड मी जेलस।

यू, ए पिग, एन इडियट। एन ऑर्डिनरी स्टफ ऑफ़ ह्यूमन बीइंग।

अदाकार दो : हुज़ूर क्यों बनते हैं। मैं आपकी तकलीफ़ को जानता हूँ। आप दस साल से स्टेज पर झक मारते रहे हैं। कोई लड़की नहीं मिली। और मेरी शोहरत, मेरी पॉपुलैरिटी देखकर आपकी जान जा रही है।

अदाकार चार : अगर मैं इस शहर का बादशाह होता तो ऐलान करता कि तुम्हें सारी ज़िन्दगी मन्दिरों, मस्जिदों और गिरजों में धकेल दिया

जाए। ताकि तुम अपनी सड़ी हुई रूह, अपने नापाक इरादों और अपने बीमार ज़ेहन की बदबू से वाक़िफ़ हो जाओ और दीवारों के साथ टक्करें मारो।

अदाकार दो : लेकिन आप बादशाह नहीं हैं। आप इस शहर के फ़क़ीर भी नहीं हैं। आप इससे भी बदतर हैं। आप इस शहर के कलाकार हैं। आपके शो के जितने टिकट बिकते हैं वह इस ख़ाकसार के रसूख़ से। अकसर आपके नाश्ते का बन्दोबस्त भी मैं ही करता हूँ। ड्रामे के दिन मेरी गाड़ी आपके सामान ढोती रहती है। और जब आप शराब पीकर शायरी अलापा करते हैं तो मैं अपनी गाड़ी में ठंडी-ठंडी हवा खिलाता हूँ। समन्दर के किनारे नारियल के दरख़्तों से छनती हुई चाँदनी में ले जाता हूँ।

[वह सिगरेट जलाता है और उसी जगह पर आ बैठता है। अदाकार चार आसमान की तरफ़ देखता है। बेबस है। जैसे रो पड़ेगा। और वहीं ज़मीन पर बैठ जाता है। अदीब उठता है, टहलता है।]

अदीब : मैं कहता हूँ इस दौर में कला की क़ीमत क्या है? गीत की क़ीमत क्या है? फूल की क़ीमत क्या है?

अदाकार एक : कला बिक गई है, गीत मर गए हैं और फूल मुरझा गए हैं।

अदीब : आज हवाई अटैक की बात करो।

अदाकार एक : नए नए तजुर्बे की बातें करो।

अदीब : ...मशीनगनों और मिसाइल की बातें करो।

अदाकार एक : चाँद पर पहुँचने की बातें करो।

अदीब : प्रशान्त महासागर में बम गिराओ। क्या दिया है इस तहज़ीब ने? ज़हरीली हवाएँ।

अदाकार एक : ख़ुदकुशी के सामान। मैं कहता हूँ क्या दिया है इस तहज़ीब ने हमें?

अदाकार चार : और हम डार्विन की थियोरी के चन्द नमूने। चिम्पांज़ी और बनमानुस दरख़्तों से उतर रहे हैं। गन्दे कीड़े समन्दर और दरियाओं में साँस ले रहे हैं। अपनी वहशी ज़बानें खोले चीख़ रहे हैं। खी-खी कर रहे हैं।...तजुर्बों की फ़िज़ा में घुल गए हैं। गर्दनें लटक रही हैं। पाओं गिर चुके हैं। सूरज पर कालिख पुत चुकी है। हाय इस तहज़ीब की क़िस्मत, हाय इस इनसान की क़िस्मत। हाय इस दौर की क़िस्मत।

[थोड़ी देर के लिए ख़ामोशी छा जाती है।]

अदाकार एक : तुम्हें वह नागपुर की शाम याद है?

अदीब : अच्छी तरह याद है।

अदाकार एक : ड्रामे के बाद एक हज़ार आदमी मुझे घेरे खड़े थे। और मैं जानता था कि आज हर आदमी ख़ुश है। हर आदमी ने हमारा नाटक पसन्द किया है, और वह हमें देख रहे हैं। दुआएँ दे रहे हैं। उस दिन तुम भी ख़ुश थे।

अदीब : मैं भी बहुत ख़ुश था कि मैंने लोगों को एंटरटेन किया है। मेरा लिखा हुआ नाटक उन्हें अच्छा लगा है।

अदाकार एक : हम ज़िन्दगी से ज़्यादा तो कुछ नहीं माँगते। लोगों को ख़ुश रखने के लिए जी-जान लगा देते हैं। उनके चेहरे पे मुस्कराहट देखकर हमारी आत्मा खिल उठती है। उन्हें मुस्कराता देखकर हम अपना दुख भूल जाते हैं।

अदीब : लोग हमारे देवता हैं। दर्शक हमारा ख़ुदा है।

अदाकार चार : वह लोग जो दर्द सहने का प्रचार करते हैं, दुख सहने की गाथा गाते हैं। मुसीबत सहने को धर्म बताते हैं। वह पैग़म्बर, देवता और ख़ुदा कहलाते हैं। हम जो सदियों से दर्द सहते आए हैं हमारा तारीख़ में ज़िक्र तक नहीं आता और हम ज़माने के हर दौर में नफ़रत की निगाह से देखे जाते हैं।

अदाकार एक : और मैं पैदा हुआ तो माँ चल बसी। बाप ने दूसरी शादी करके भरमार बच्चे पैदा किए। और हमें पाठ पढ़ाया गया कि हम क्यों पैदा हुए हैं। इस धरती पर बोझ हैं, कंकर हैं, पत्थर हैं, मिट्टी हैं, ग़लाज़त हैं। हमने कहा हमें नफ़रत दो, हम तुम्हें मुहब्बत देंगे। हमें दुख दो रंज दो।...हम तुम्हें हँसी देंगे। मुस्कराहटें देंगे, क़हक़हे देंगे।

अदीब : *भूख ने प्यास ने, इफ़लास ने पाला है हमें*
कभी बहके हैं तो फ़ाकों ने सँभाला है हमें।

[अदाकार पाँच मुस्कराते हुए अदाकार एक के पास आता है।]

[वक़्फ़ा]

अदाकार पाँच : गुरु, सुना है आपको हीरोइन चाहिए।

अदाकार एक : आप इस सिलसिले में हमारी क्या मदद कर सकते हैं?

अदाकार पाँच : मैं एक लड़की को जानता हूँ।

अदाकार एक : बड़े भाग्यवान हैं आप।

[ही-ही करके हँसता है।]

अदाकार एक : ये हँसने की क्या सूझी आपको?

अदाकार पाँच : आपने जोक मारा ना।

अदाकार एक : जी नहीं, मैंने जोक नहीं मारा।

अदाकार पाँच : ओह सॉरी! आपने जल्लाद पिक्चर देखी है?

अदाकार एक : जी मुझे वह शुभ अवसर प्राप्त नहीं हुआ है।

अदाकार पाँच : जब हीरो को क़त्ल करने ले जाते हैं तो भीड़ में सबसे आगे की जो लड़की है ना!

अदाकार एक : वह आपकी लड़की है।

अदाकार पाँच : ही-ही!...मेरी लड़की कैसे?

अदाकार एक : आप हँसी कम कीजिए और बातें कीजिए।

अदाकार पाँच : उसकी माँ ने मुझसे कहा था कि अगर मैं नाटक करूँ...

अदाकार एक : वह लड़की अगर हीरोइन का काम करेगी तो हीरो का काम आप ही करेंगे।

अदाकार पाँच : *(मुस्कराते हुए)* उसकी माँ कह रही थी।

अदाकार एक : ज़रूर ज़रूर! आपको ही हीरो का काम करना चाहिए।

अदाकार पाँच : तो मैं आपसे कब मिलवाऊँ उसको?

अदाकार एक : मुलाक़ात उसकी और आपकी ज़रूरी है। और नाटक तो आप जब भी मिलते हैं करते हैं।

अदाकार पाँच : ही-ही...ही।

[इतने में होटल का म्यूज़िक बजता है। सब गाने लगते हैं।]

रमैया वस्तावैया, रमैया वस्तावैया
मैंने दिल तुझको दिया, मैंने दिल तुझको दिया

[सबकी आवाज़ें बेसुरी हैं। और हर आदमी अपने राग में गाता है। अदाकार चार डांस करने लगता है। अदाकार पाँच की नक़ल करने की सोचता है। अदाकार पाँच 'मैंने दिल तुझको दिया' गाता हुआ निकल जाता है।]

अदीब : आज वह ख़ाली हाथ लौट आया तो मर जाएँगे।

अदाकार एक : वह ख़ाली हाथ कभी नहीं लौटेगा।

अदीब : यार, यह आदमी जादूगर तो नहीं?

अदाकार एक : कुछ जादू है इसके हाथ। एक दिन हम दोनों एक सड़क से गुज़र रहे थे। ऐसा रास्ता जो मैंने पहले कभी देखा भी न था। मैंने कहा, 'कलाकार, फ़िल्म देखने का मूड हो रहा है।' उसने सुना, एक नज़र आसमान की तरफ़ देखा। एक नज़र सामने की बिल्डिंग की तरफ़ देखा। मुझसे बोला, 'ठहरो! मैं अभी आता हूँ।' वह भागता हुआ सामने की बिल्डिंग में चला गया। दस मिनट के बाद लौटा तो उसके हाथ में पाँच सौ रुपये का नोट था।

अदीब : कमाल है यार, ये आदमी तो मेरी समझ में बिलकुल नहीं आता।

अदाकार दो : और आएगा भी नहीं।

अदाकार एक : उस दिन जब तुम हमें छोड़ गए थे।

अदाकार दो : कहाँ गए थे तुम लोग?

अदीब : मुझे तो यह भी ख़बर नहीं थी कि तुमने हमें कहाँ छोड़ा था।

अदाकार एक : हम सब धुत्त थे यार।

अदाकार दो : मुझे डर था कि तुम लोग पकड़े जाओगे।

अदाकार एक : मैंने इससे यही कहा, मैंने कहा कलाकार, आज बड़ा ख़तरा है। वह बोला, यह मेरी बस्ती है, यह मेरा इलाक़ा है।

अदीब : और मैं नींद से चूर था।

अदाकार एक : आपकी नींद का भी जवाब नहीं। पीने के बाद श्मशान घाट पर सुला दो, बड़े आराम से सो जाएँगे। यार एक बार हमने आख़िरी गाड़ी मिस कर दी। ग्रांट रोड स्टेशन के बाहर फ़ुटपाथ पर बैठे थे, और हमारे यह राइटर मुझसे बातें करते-करते यह फ़रमाने लगे कि मैं सो जाता हूँ। पलक झपकते ही वहीं फ़ुटपाथ पर ऐसी गहरी नींद सो गए जैसे किसी ऐक्ट्रेस का बिस्तर हो।

अदीब : यार उस दिन बड़ा मज़ा आया।

अदाकार दो : उस दिन भी फ़ुटपाथ पर सो गए थे क्या?

अदाकार एक : हमें तो कुछ पता नहीं, मेरी चार बजे आँख खुली तो मैंने देखा कि हम एक दुकान के छपरे पर सोए हुए हैं।

अदाकार दो : छपरे पर?

अदाकार एक : हाँ यार।

[सब हँसते हैं।]

अदाकार एक : नीचे घोड़ागाड़ियाँ और टैक्सियाँ जा रही थीं, मुझे एक लम्हा

तो ऐसा लगा कि हम लोग चिड़ियाघर में पहुँचा दिए गए हैं। और नीचे हुजूम हमें देखने आ रहा है।

अदाकार दो : अगर लुढ़ककर नीचे आ जाते तो?

अदाकार एक : तो नीचे आ जाते। और यह हज़रत, यह तो सड़क के बिलकुल मुँह पर सोए हुए थे। अगर यह करवट भी लेते तो नरक में तो न सही, अस्पताल में ज़रूर पहुँच जाते।

अदीब : सच, बड़ा मज़ा आया। मैंने आँख खोली तो क्या देखता हूँ दर्जनों आदमी, काले-कलूटे, लँगड़े-लूले, नेकरें पहने, अंडरवियर पहने मेरे दाएँ-बाएँ, आगे-पीछे से उठ रहे हैं। मैंने दुआ माँगी ख़ुदा से कि इस बार हमें नीचे सड़क पर पहुँचा दे फिर यह ग़लती कभी नहीं करेंगे।

अदाकार एक : फिर हमारे कलाकार जागे, ऐसे जागे जैसे कोई किसी मुल्क का शहज़ादा जागता है। अपना अंडरवियर ठीक किया। और बोले, चलो नाश्ता करेंगे। मैंने कहा, हुज़ूर क़मीज़ तो पहन लीजिए। ख़ुदा न करे कि आपका अंडरवियर खुल जाए। इन्होंने मेरी तरफ़ एक क़हर भरी नज़र फेंकी और हम ख़ामोशी से इनके पीछे-पीछे चलने लगे।

[वक़्फ़ा]

अदीब : *(अदाकार चार से)* यार कोई दर्द भरी कविता सुनाओ।

अदाकार एक : दिल बैठा जा रहा है।

अदीब : वक़्त फाँस की तरह गले में अटक गया है।

अदाकार चार : और मेरा जी चाहता है कि किसी हसीन लड़की के कन्धे पर सिर रखकर रो पड़ूँ। जी भरकर रो पड़ूँ। हाय। सदियों की बेक़रारी पारे की तरह मेरे रोम-रोम में मचल रही है, और मैं दीवारों के साथ सिर पटक रहा हूँ।

अदीब : मेरी उमर जब बीस साल की थी तो मेरे नक़्श तेज़, मेरा रंग निखरा हुआ और मेरे बाल निहायत मुलायम रेशम की तरह थे। अब नक़्श मिट गए हैं, रंग बासी हो गया है और बाल इसी उमर में सफ़ेद हो चुके हैं और मैं इन नक़्श का आदी हो गया हूँ। इस बासी रंग और इन सफ़ेद बालों का भी आदी हो गया हूँ।

अदाकार एक : *(अदाकार चार से)* यार कोई गीत सुनाओ, कोई तड़पती हुई नज़्म।

[अदीब, अदाकार एक और दो उसकी तरफ़ देखते हैं। अदाकार चार बहुत संजीदा हो जाता है फिर अपनी सुरीली आवाज़ में बड़ी संजीदगी से गाने लगता है।]

ऊँ जय जगदीश हरे। स्वामी जय जगदीश हरे।
भक्त जनों के संकट, क्षण में दूर करे
ऊँ जय जगदीश हरे।

[वक़्फ़ा]

अदीब : *(अदाकार एक से)* वाक़ई तुम समझते हो कि शराब ही एक सहारा है।

अदाकार एक : तिलिस्म न तोड़ो।

अदीब : और यह ज़हर जो हम पीते हैं?

अदाकार एक : यह ताँबे का पानी है। पुरानी बैटरी से टपका हुआ ज़हर है। नौशादर।

अदीब : हैं?

अदाकार एक : दिल धुआँ-धुआँ हो जाता है। आँखें बंद हो जाती हैं। और जिस्म अपनी जान खो देता है। लेकिन ख़ुदा के लिए तिलिस्म न तोड़ो। मुझसे सुनें यह पीने से क्या होता है।

अदीब : हाँ!

अदाकार एक : वक़्त की अहमियत नहीं रहती। वक़्त के ठोस सिक्के मोम की तरह पिघल जाते हैं और शराब की तरह रग-रग में दौड़ जाते हैं। शबनम की तरह ओस को थपकते हैं, क्या ये काफ़ी नहीं है?

अदीब : काफ़ी है। बहुत ज़्यादा है। मैं तो यूँ ही कह रहा था। अभी तक वह आया नहीं।

[अदाकार तीन दाख़िल होता है। वह सबकी तरफ़ देखता है। मुस्कराता है।]

अदाकार एक : मैं नहीं कहता था कि यह आदमी कभी नाकाम नहीं लौटेगा। यह आज की शाम ज़रूर हमें पिलाएगा। यह आज की सदी का देवता है।

[अदाकार तीन मुस्कराता है। बहुत ख़ुश है।]

अदाकार एक : लेकिन तुम्हारी घड़ी कहाँ है?

[अदाकार तीन ख़ामोश हो जाता है।]

अदाकार एक : कहीं खो गई क्या? या गिरवी रख आया।

[अदाकार तीन ख़ामोश है और एक पोज़ बनाकर खड़ा है।]

अदाकार दो : बोल ना! पोज़ काहे को मारता है। मुझे इस आदमी से सख़्त नफ़रत है। हर वक़्त पोज़ मारता है। सोते-जागते, बोलते, चलते-फिरते, एक्टिंग करता है। जब देखो मुँह बनाकर भाव खाता है। मुझे यह आदमी ज़रा गवारा नहीं, सख़्त नफ़रत है। आई हेट हिम।

अदाकार तीन : मुझसे नफ़रत करो। मैं इसी क़ाबिल हूँ। मैं जो अपने घर-बार को छोड़ बैठा हूँ। पहले फ़ाउंटेन पेन बेचा करता था तो दस-पन्द्रह रुपये रोज़ कमाता था। दस आदमी मेरे क़र्ज़दार रहते थे। अच्छे से अच्छे होटल में खाना खाता था। ख़ूबसूरत कमरे में रहता था। मेरे साथ रहते थे मेरे रिश्तेदार। और अब मैं सिर्फ़ ले-लेकर तबाह हो गया हूँ। तुम लोग मुझे धिक्कारते हो तो भी मैं साथ लगा रहता हूँ। बेइज़्ज़ती करते हो तो भी नहीं जाता। गाली देते हो तो भी मैं ख़ुश रहता हूँ। आज मैं घड़ी बेचकर तुम लोगों के लिए रुपये लाया हूँ। और तुम कहते हो मैं पोज़ मारता हूँ। मैं एक्टिंग करता हूँ।

[वह रोने लगता है। फिर दहाड़ें मार-मारकर रोता है। फ़र्श पर बैठ जाता है। फिर अचानक अपने आप को सँभालता है।]

अदाकार चार : ज़ोर-ज़ोर से रो। तू तो ख़ुशक़िस्मत है जो तू रो सकता है। हमारी आँखों में तो आँसू ही नहीं। ख़ूब रो और अपना जी हल्का कर ले।

अदाकार तीन : लेकिन मुझे यह सब पसन्द है। मुझे कला पसन्द है। मुझे कलाकार पसन्द हैं। जब मैं स्टेज पर जाता हूँ तो मुझे ख़ुशी होती है। जब मैं अच्छी अदाकारी करता हूँ तो मेरा रोम-रोम पुलकित हो उठता है। यही मेरी क़िस्मत है और मैं क़िस्मत से नालां नहीं हूँ। नाख़ुश नहीं हूँ।

[अदाकार दो धीरे-धीरे उठकर उसके पास आता है।

उसके कन्धे पर हाथ रखता है।]

अदाकार दो : आई एम टेरिबली सॉरी। आई नेवर मेंट इट।

अदाकार तीन : *(देखकर)* और मैं अपनी क़िस्मत से नालां नहीं हूँ। नाख़ुश नहीं हूँ।

[निकल जाता है। अदाकार दो पीछा करता है।]

[अदाकार चार भी निकल जाता है।]

[अदाकार एक तक़रीबन जाता है, फिर अचानक पलटकर देखता है। अदीब उसी तरह बैठा है। वह धीरे-धीरे आता है। उसे हाथ थमाता है। अदीब उठता है। उसके कन्धे का सहारा लेता है। दोनों तक़रीबन बग़लगीर होकर साथ-साथ चलते हैं। ऐन बीच में आकर अदीब रुक जाता है।]

अदीब : एक शाम और गुज़र गई।

अदाकार एक : हाँ डार्लिंग! एक शाम और गुज़र गई।

अदीब : कहीं तो कली चटख़ी होगी, कहीं तो फूल खिला होगा।

अदाकार एक : और यह क्या ज़िन्दगी के लिए कम है।

अदीब : *(साँस लेकर)* नहीं, ज़िन्दगी के लिए काफ़ी है।

[वह दोनों एक-दूसरे का सहारा लेकर निकल जाते हैं।]

[परदा गिरता है।]

ये कौन आया

पात्र

राजकुमार
शामलाल
नीता

[करीने से सजा एक मध्यवर्गीय घर। ऐसा लगता है इस घर में बच्चे नहीं हैं। शामलाल रसोई से ट्रे लिये आता है। बेडरूम के अन्दर से आवाज़ आती है।]

राजकुमारी : *(अन्दर से)* ओ होने वाले मुन्ने के बापू।

शामलाल : बन गई है चाय राजकुमारी जी। शादी ने बावर्ची बनाकर छोड़ दिया है।

राजकुमारी : *(अन्दर आते हुए)* मुझे तो चक्कर आ रहे हैं।

शामलाल : ये चक्कर तो तुम्हें दस साल से आ रहे हैं लेकिन गिरी तो तुम एक बार भी नहीं।

राजकुमारी : गर्म क्यों हो रहे हो जी?

शामलाल : ठंडा हो-होकर गर्म हो रहा हूँ।

राजकुमारी : शर्म नहीं आती बीमार को डाँटते हुए।

शामलाल : ये बीमारी तो तुम्हें हर दूसरे महीने हो जाती है। बोरी भर इमली खा गई हो। चाट, मिट्टी और न जाने क्या अला-बला—पर आज तक वो पाजी मुन्ना न हुआ।

राजकुमारी : मुन्ने को क्यों गाली दे रहे हो?

शामलाल : मुन्ने को नहीं तुम्हें दे रहा हूँ।

राजकुमारी : इतना तंग आ गए हो तो दूसरी कर लो।

शामलाल : अरे मुझे कोई राजा-महाराजा समझ रखा है क्या। दिन भर चावल, आटा, मिर्च, मसाला बेचता रहता हूँ। शाम को जी

चाहता है कि घर आऊँ तो मेरे कानों में मीठी-सी आवाज़ गूँजे 'बापू'। पर नहीं—आते ही तुम्हारा हॉर्न सुनाई देता है। *(नकल करते हुए)* 'होने वाले मुन्ने के बापू।'

राजकुमारी : इस तरह तंग करोगे तो मैं मैके चली जाऊँगी।

शामलाल : कितने दिनों बाद वापस आओगी।

राजकुमारी : अरे तुम तो ऐसे पूछ रहे हो जैसे मैं सचमुच जा रही हूँ। मालूम है मैं दो दिन के लिए जाती हूँ तो घबरा उठती हूँ। मेरा मन इस घर में ही है न...

शामलाल : क्यूँ नहीं, क्यूँ नहीं! वहाँ मेरे जैसा टट्टू न मिलता होगा।

राजकुमारी : हाय हाय, कैसी बातें करते हो जी।

[शामलाल सोफ़े पर बैठ जाता है।]

शामलाल : अब सोचता हूँ कि इतनी माया का क्या होगा?

राजकुमारी : मेरे दोनों भाई सलामत रहें।

शामलाल : इतना कच्चा नहीं हूँ। उन गधों को तो एक कौड़ी नहीं दूँगा। अपना भाई भी उल्लू निकला।

राजकुमारी : उसे क्यों कोस रहे हो जी।

शामलाल : वो ही उलटा-सीधा होता तो उड़ाकर ख़त्म न कर देता। एकदम आज्ञाकारी—लक्ष्मण-स्वरूप। हर महीने उल्लू की दुम एक हज़ार और भेज देता है।

राजकुमारी : होने वाले मुन्ने के बापू।

शामलाल : क्या है होने वाले मुन्ने की माताजी?

राजकुमारी : तुम परेश की शादी का क्या कर रहे हो?

शामलाल : उसकी शादी तो ऐसे धूमधाम से करूँगा कि दुनिया देखती रह जाएगी।

राजकुमारी : लड़की देखी है?

शामलाल : लड़कियाँ तो सड़कों पर रोज़ ही देखता हूँ। पर जँचती कोई नहीं।

राजकुमारी : होने वाले मुन्ने के बापू।

शामलाल : कहिए होने वाले मुन्ने की माताजी।

राजकुमारी : मेरी छोटी बहन...

[शामलाल कुछ नाराज़ हो जाता है।]

शामलाल : तुम अपने घर का ज़िक्र न करना। मेरा बस चले तो उसे तुम्हारे घर तो क्या तुम्हारी गली में भी न जाने दूँ।

राजकुमारी : क्यों जी, ऐसा क्या है?

शामलाल : पूछती हो ऐसा क्या है? मैं क्या कम अपनी क़िस्मत को रो रहा हूँ। दस साल हो गए हैं—एक बच्चा नहीं। जहाँ तुम्हारी मौसी की लड़की ब्याही गई है वहाँ बच्चों की कमी पूरी करने के लिए कुत्ते पाल रखे हैं और जहाँ तुम्हारे चचा की लड़की ब्याही गई है वहाँ बिल्लियाँ पाल रखी हैं।

राजकुमारी : पछताओगे।

शामलाल : अरे जाने दो।

राजकुमारी : परेश कोई ऐसी-वैसी ले आएगा।

शामलाल : अरे मेरा भाई है—मेरी आज्ञा के बग़ैर एक क़दम नहीं चलता।

राजकुमारी : लड़का जब लड़की को देखता है तो माँ-बाप तक को भूल जाता है, तुम तो सिर्फ़ भाई हो।

शामलाल : अरे परेश ऐसा लड़का नहीं है—वो जब भी लड़की को देखता होगा तो फ़ौरन भाई को याद करता होगा।

[दरवाज़े पर दस्तक होती है।]

राजकुमारी : ये कौन आ गया सवेरे-सवेरे।

शामलाल : अरे वो कलुवा होगा कमबख़्त। हर धुलाई में एक क़मीज़ ग़ायब कर देता है।

[जूता उतारकर हाथ में पकड़ लेता है।]

शामलाल : आज देखता हूँ उसे।

राजकुमारी : जूता नीचे रखो—लंगूर लगते हो।

शामलाल : *(दरवाज़ा खोलते हुए)* तो और क्या फ़िल्म एक्टर लगूँ?

[दरवाज़े पर एक लड़की खड़ी है। वह कुछ कहती है। शामलाल अपने जूते नीचे रखता है और उसकी तरफ़ देखता है।]

नीता : जी। शामलाल जी का घर यही है।

शामलाल : जी हाँ। मुझे शामलाल कहते हैं और ये हैं मेरी धर्मपत्नी राजकुमारी। फ़रमाइए।

[नीता अपनी अटैची नीचे रखकर आगे बढ़ती है और शामलाल के पाँव छूती है। शामलाल कहता है।]

शामलाल : अरे, ये क्या कर रही हो?

[नीता राजकुमारी के पैर छूती है।]

राजकुमारी : अरे मेरे पाँव मत छुओ! मुझे पाप लगेगा।
शामलाल : आप कौन हैं?
नीता : मैं दिल्ली से आई हूँ।
शामलाल : देहरादून से क्यूँ नहीं आईं आप।
नीता : परेश जी दिल्ली में रहते हैं।
शामलाल : तुम...मेरा मतलब है...आप परेश को जानती हैं?
नीता : मैं परेश की पत्नी हूँ।

[यह सुनते ही शामलाल और राजकुमारी के चेहरे का रंग उड़ जाता है। दोनों हैरानी से एक-दूसरे को देखते हैं।]

दोनों : हैं!!!!
नीता : दो महीने पहले हमारी शादी हुई है।
राजकुमारी : कोई बच्चा!
शामलाल : दो महीने में बच्चा नहीं होता।
नीता : वो कमरा परेश का है न!
शामलाल : हाँ।
नीता : उसकी मेज़ पर आपकी तस्वीर है न?
शामलाल : हाँ।
नीता : आप चिल्लाते बहुत हैं न?
शामलाल : ...हाँ...।

[नीता अपनी अटैची उठाती है और परेश के कमरे की ओर जाती है। शामलाल उसे हैरानी से देखता रहता है।]

राजकुमारी : लो सुनो, बड़ा भाई बना फिरता था, आज्ञाकारी...लक्ष्मण स्वरूप।
शामलाल : मैं उसका ख़ून पी जाऊँगा। मैं उसे गोली से उड़ा दूँगा। कमबख़्त से दो पैसे का ख़त भी न लिखा गया।
राजकुमारी : ख़त पच्चीस पैसे का होता है जी।
शामलाल : मैं चाहता था कि उसकी शादी धूमधाम से हो। पाजी ने ये शादी की है या रजिस्टर्ड लेटर भेज दिया है।
राजकुमारी : मैं न कहती थी...
शामलाल : तुम तो कहती रहती हो...

[वह पास रखी कुर्सी पर बैठ जाता है। राजकुमारी उसके पास जाती है।]

राजकुमारी : एक बात बताऊँ...

शामलाल : कहो।

राजकुमारी : मुझे ये लड़की ब्याहता नहीं लगती।

शामलाल : तुम्हें कैसे मालूम?

राजकुमारी : मैं औरत हूँ, सब जानती हूँ...मर्द जब औरत को छू लेता है तो वो ऐसी नहीं लगती।

शामलाल : कैसी लगती है?

राजकुमारी : तुम समझा करो न।

शामलाल : हूँ...तो...

राजकुमारी : मुझे तो कोई जासूस लगती है।

शामलाल : अरे कहीं चोर-डाकू न हो। पहले ज़माने में लड़कियाँ दिल चुराया करती थीं। आजकल पहले ज़ेवर पर हाथ साफ़ करती हैं और दिल, अगर कहीं पड़ा मिल भी जाए तो उसे तकिये के नीचे रख देती है।

राजकुमारी : ए जी, इस कमरे में मेरा हार है।

शामलाल : मेरी नई धोती है।

राजकुमारी : तुम्हारी धोती का वो क्या करेगी?

शामलाल : लहँगा बनाएगी।

राजकुमारी : तुम तो बस ऐसे ही।

[शामलाल कमरे की ओर जाता है।]

राजकुमारी : ए जी...
(वह रुक जाता है।)

राजकुमारी : पुलिस को ख़बर कर दो।

शामलाल : क्या ख़बर कर दूँ?

राजकुमारी : कि घर में चोर घुस आया है।

शामलाल : और ये भी कह दूँ कि चोर ने आकर पहले प्रणाम भी किया है।

राजकुमारी : तुम भी।

शामलाल : देखूँ तो वो क्या कर रही है।

[दोनों अन्दर जाते हैं। नीता भजन गा रही होती है।]

शामलाल : चोर आते तो सुना है मगर गाना गाते नहीं सुना।

राजकुमारी : कोई जादू-टोने वाली न हो। आजकल की लड़कियाँ जाने क्या-क्या करती हैं।

शामलाल : मुझे तो उस नमकहराम पर ग़ुस्सा आ रहा है। शादी करनी थी तो इत्तला तो कर देता।

राजकुमारी : मैं कहती हूँ न, शादी नहीं हुई उसकी।

शामलाल : तब तो दाल में ज़रूर कुछ काला है। पर उसको कैसे मालूम कि ये कमरा परेश का है और ये कि...मैं चिल्लाता बहुत हूँ।

राजकुमारी : कहा न, जादू-टोने वाली है। देखने में सुन्दर काम में छूमंतर।

शामलाल : अरे मैं देखता हूँ उसे...ऐ लड़की...क्या नाम है तुम्हारा...

[नीता अन्दर आती है। वह दूसरी साड़ी पहने हुए है। वह साड़ी के पल्लू को अपने सिर पर रखती है और शामलाल के नवब्याहता दुल्हन की तरह पैर छूती है।]

नीता : कहिए...

[शामलाल पीछे की ओर देखता है, जहाँ राजकुमारी खड़ी है। वह चलकर उसके पास आती है।]

शामलाल : हैं...हाँ...मैं कह रहा था कि उसने शादी का ज़िक्र भी नहीं किया।

नीता : वो आपकी बड़ी इज़्ज़त करते हैं।

शामलाल : वो तो ठीक है लेकिन...

नीता : मेरा सिरदर्द कर रहा है। सफ़र से आई हूँ...

[शामलाल राजकुमारी की ओर देखता है और कहता है।]

शामलाल : अरे तुम मेरा मुँह क्या देख रही हो। बहू पहली बार घर में आई है—जाओ कुछ चाय-वाय का इन्तज़ाम करो।

[राजकुमारी को पता नहीं था कि रसोई किधर है। लेकिन वह आगे बढ़ती है।]

शामलाल : *(आहिस्ता से)* रास्ता दिखा दूँ रसोई का?

[राजकुमारी रसोई में जाती है। शामलाल नीता की तरफ़ मुड़ता है और उसे बैठने को कहता है। नीता बैठती है।]

शामलाल : लेकिन तुम्हारे आने की इत्तला तो देनी थी।

नीता : वो आपको तार देने वाले थे—मैंने ही मना कर दिया।

शामलाल : क्यूँ?

नीता : *(मुस्कराकर)* मैंने सोचा आप मुझे देखकर हैरान होंगे।

शामलाल : तुम्हें झिझक नहीं हुई? डर भी नहीं लगा?

नीता : वो आपके बारे में कहा करते हैं कि आप बहुत अच्छे हैं।

शामलाल : *(ख़ुश होकर)* हाँ हाँ, वो तो मैं हूँ ही।

नीता : वो हमेशा आपकी तारीफ़ करते हैं। मैंने सोचा कि आप मुझे देखकर बहुत ख़ुश होंगे।

शामलाल : हाँ, मैं बहुत ख़ुश हूँ। बड़ा ख़ुश हूँ।

[नीता शामलाल के शर्ट का एक बटन टूटा हुआ देखती है।]

नीता : आपकी क़मीज़ का बटन नहीं है।

शामलाल : टूट गया है।

नीता : लाइए, मैं लगा देती हूँ।

शामलाल : तुम?

नीता : हाँ, क्यों नहीं...लाइए न।

[वह अपनी क़मीज़ उतारकर उसे दे देता है। नीता उसकी शर्ट लेकर उसमें बटन लगाने लगती है।]

शामलाल : तुम्हारी जेठानी तो मेरा कोई काम नहीं करती।

नीता : अच्छा।

शामलाल : दिमाग़ चाटती रहती है।

नीता : *(मुस्कराकर)* आप भी तो बहुत चिल्लाया करते हैं।

शामलाल : वो...मैं...तो...

नीता : क्यों चिल्लाते हैं आप?

शामलाल : अरे वो फूहड़ है...बेवकूफ़।

नीता : परेश भी मुझे यही कहते हैं।

शामलाल : क्या...तुम्हें?

नीता : हाँ...।

शामलाल : उसकी ये मजाल...यानी कि तुम्हें...

नीता : मैं बुरा थोड़े ही मानती हूँ। हर पति अपनी पत्नी को यही कहता है।

शामलाल : लेकिन उसे तुम्हें नहीं कहना चाहिए।

नीता : क्यों...मुझे क्यों नहीं?

शामलाल : तुम इतनी अच्छी जो हो।

[वह हँसती है। राजकुमारी चाय लेकर आती है। शामलाल अपनी शर्ट लेता है और नीता को पीने के लिए चाय देता है।]

नीता : आप तो बड़ी अच्छी चाय बनाती हैं।

राजकुमारी : पसन्द आई?

नीता : वाक़ई बड़ी अच्छी है।

राजकुमारी : ये तो कभी तारीफ़ नहीं करते।

नीता : अच्छा।

राजकुमारी : और नहीं तो क्या? कभी कहेंगे कि शक्कर नहीं है, कभी कहेंगे कि बहुत शक्कर है।

नीता : आप बैगन का भर्ता भी अच्छा बनाती हैं ना।

राजकुमारी : अरे...तुम्हें किसने बताया?

नीता : परेश रोज़ आपके गुणगान करते हैं।

राजकुमारी : अच्छा! और क्या कहता है?

नीता : कहते हैं मेरी भाभी बड़ी अच्छी है। मेरा बड़ा ख़याल रखती है। आप मुझे बैगन का भर्ता खिलाएँगी न?

राजकुमारी : हाँ-हाँ। मैं अभी ही तुम्हारे लिए बनाती हूँ।

नीता : मैं आपके लिए साड़ी लाई हूँ।

राजकुमारी : मेरे लिए?

नीता : अगर आपको पसन्द आए तो...

[नीता साड़ी लाती और राजकुमारी को दे देती है।]

राजकुमारी : अरे कितनी सुन्दर है...कितनी क़ीमती।

नीता : पसन्द है न आपको?

राजकुमारी : हाँ बहुत। मेरे दिल का रंग है।

नीता : आप पहनेंगी तो और भी अच्छी लगेंगी।

राजकुमारी : तुम तो दिल मोह लेती हो। तभी तो परेश लट्टू हो गया।

नीता : अरे वो तो बहुत हठी हैं।

राजकुमारी : क्यों?

नीता : आजकल ज़माना बदल गया है। पहले लड़के लड़कियों का पीछा

करते थे। आजकल लड़कियाँ लड़कों के पीछे पड़ी रहती हैं।

राजकुमारी : अच्छा।

नीता : मैं रोज़ मिलने जाती थी। साहब मुँह फुलाए खड़े रहते थे। फ़िल्म की दावत देती थी तो काम का बहाना करते थे। एक दिन क्या हुआ...

राजकुमारी : क्या हुआ?

नीता : मैं अन्हें ओखला ले गई। शायद ये मंज़र का असर था।

राजकुमारी : कैसा मंज़र?

नीता : शाम थी, हवा थी—ओखला का पानी मोहब्बत के गीत गा रहा था।

राजकुमारी : फिर?

नीता : अचानक बोल उठे—'मुझसे शादी करोगी?'

राजकुमारी : आ गया न क़ाबू।

नीता : मुझे वो उस वक़्त बड़े सुन्दर लगे। लाल-लाल हो रहे थे। कुछ मदहोश से लग रहे थे।

राजकुमारी : और उस दिन तय हो गया?

नीता : हाँ! मैंने फ़ौरन ही बन्दोबस्त कर लिया। वो कहते रहे कि आपको बुला लें, लेकिन मैं कोई ख़तरा मोल नहीं लेना चाहती थी। मैं उन्हें बहुत पसन्द करती हूँ। इसलिए मैंने जल्दी से शादी रचा ली।

राजकुमारी : तुम्हारे माता-पिता?

नीता : उनको तो अभी तक ख़बर नहीं।

राजकुमारी : क्या चोरी-छुपे शादी की?

नीता : हाँ, कोर्ट में।

राजकुमारी : अगर उन्हें पता चल गया तो?

नीता : तो ताली बजाएँगे। *(हँसती है)* मालूम है मेरे पिताजी एक मिल के मालिक हैं।

राजकुमारी : हैं?

नीता : हाँ। हमारी पाँच गाड़ियाँ हैं।

राजकुमारी : अच्छा!

नीता : उन्हें पता चल जाता तो अनर्थ हो जाता। इसीलिए मैंने जल्दी की।

राजकुमारी : चट मँगनी पट ब्याह।

[दोनों ज़ोर से हँसती हैं।]

[शामलाल का प्रवेश।]

शामलाल : बहुत हँसी-मज़ाक़ हो रहा है।

[राजकुमारी उसकी ओर देखती है और हँसना बन्द कर देती है।]

राजकुमारी : हैं!

[नीता उठती है और कहती है—]

नीता : मैं आपका कमरा देखूँ?

शामलाल : ज़रूर। तुम्हारा ही तो घर है।

[नीता अन्दर जाती है।]

राजकुमारी : देखो देवरानी मेरे लिए साड़ी लाई है।

शामलाल : तभी तो हँसी के फव्वारे छूट रहे थे।

राजकुमारी : तुम्हें क्यों बुरा लगता है जी?

शामलाल : मुझे क्यों बुरा लगेगा। साड़ी देकर ऐसे फुसलाएगी कि तुम्हारा हार ग़ायब हो जाएगा।

राजकुमारी : *(सँभलकर)* एक काम क्यों नहीं करते?

शामलाल : क्या?

राजकुमारी : कम से कम पुलिस को इत्तला तो दे दो।

शामलाल : कैसी इत्तला?

राजकुमारी : कि एक लड़की आई है और हमें उस पर शक है।

शामलाल : अरे शक है तो निकाल बाहर करें।

राजकुमारी : बाहर कैसे निकालें। मुझे तो जादूगरनी लगती है। जब तुम्हारे सामने आती है तुम हँसने लगते हो।

शामलाल : और क्या तुम अपना मुँह नहीं खोल देतीं।

राजकुमारी : मैं क्या करूँ?

शामलाल : मैं भी क्या करूँ?

राजकुमारी : अनर्थ होगा।

शामलाल : बड़ा अनर्थ होगा। लेकिन परेश को कैसे जानती है?

राजकुमारी : अरे लड़कियों का क्या—ज़रा-सा मुस्कराकर देखा और राज पूछ लिया।

शामलाल : तुममें तो ऐसा कोई गुण नहीं।

राजकुमारी : अरे ये क्या कोई गुण है? दोष है दोष।

शामलाल : तो अब क्या करें?

राजकुमारी : बैठे भजन करो। मुझे डर है कि कुछ हो के रहेगा।

शामलाल : उस उल्लू के पट्ठे ने ख़ूब तमाशा किया है हमारे साथ।

राजकुमारी : अपने बाप को क्यों गाली देते हो!

शामलाल : अपने बाप को देता हूँ तुम्हारे बाप को नहीं!

राजकुमारी : मुझे क्या...एक और दो।

शामलाल : नहीं देता।

राजकुमारी : मत दो।

शामलाल : ग़ुस्सा दिला रही हो।

राजकुमारी : मुझे तो चक्कर आ रहे हैं।

शामलाल : फिर दौरा शुरू।

राजकुमारी : दौरा कहते हो इसे...कितने कठोर हो। सारा जीवन यहाँ बिताया-जलाया, ज़रा भी हमदर्दी नहीं।

शामलाल : अच्छी-ख़ासी मोटी-ताज़ी तो हो।

राजकुमारी : ऊपर से लगती हूँ अन्दर से तो बिलकुल खोखली हूँ।

शामलाल : *(सर की तरफ़ इशारा करके)* खोखली तो तुम हो ही।

राजकुमारी : चार चपातियाँ ज़्यादा होती हैं क्या?

शामलाल : और आधा सेर चावल भी तो होते हैं साथ में।

राजकुमारी : हाय-हाय, निवाले गिनते रहते हो।

शामलाल : तुम भी कितनी मूर्ख हो। घर में चोर घुस आया है और तुम अपना झगड़ा ले बैठी हो।

राजकुमारी : देखें तो क्या कर रही है?

[दोनों अन्दर जाते हैं।]

शामलाल : अरे वो दराज़ टटोल रही है।

राजकुमारी : अरे उसमें मेरे दस हज़ार रुपये हैं।

शामलाल : दस हज़ार!

राजकुमारी : हाँ।

शामलाल : मुझे तो कभी नहीं बताया।

राजकुमारी : मैंने छुपाकर रखे थे।

शामलाल : शरम नहीं आती—मुझसे मेरे ही रुपये छुपाकर रखते हुए।

राजकुमारी : घर थोड़े ले गई हूँ।

शामलाल : क्या मालूम वो तुम्हारे दो गधे भाई...

राजकुमारी : देखो मैं रो दूँगी।

शामलाल : एक तो चोरी ऊपर से सीनाज़ोरी।

[नीता आती है।]

नीता : आपने रुपये दराज़ में रखे थे?

राजकुमारी : हाँ...वो...

नीता : रुपये दराज़ में नहीं रखने चाहिए, अलमारी में रखने चाहिए।

शामलाल : *(आगे बढ़कर रुपये लेते हुए)* हाँ-हाँ रुपये अलमारी में रखने चाहिए।

[नीता चली जाती है।]

शामलाल : क्या बहू आई है घर में। आते ही दस हज़ार का फ़ायदा।

राजकुमारी : हाय मेरे दस हज़ार रुपये।

शामलाल : नीयत ख़राब होगी तो भगवान ऐसा ही करेंगे।

[पोस्टमैन आता है—'टेलीग्राम'। शामलाल जाता है और टेलीग्राम लेकर गाता हुआ आता है।]

शामलाल : मेरे तो हाथ काँप रहे हैं।

राजकुमारी : खोलो तो सही।

शामलाल : भगवान करे टेलीग्राम तुम्हारे घरवालों की तरफ़ से हो।

राजकुमारी : मेरे घरवाले फ़ालतू हैं क्या?

शामलाल : फिर किसको मारूँ?

राजकुमारी : दुश्मनों की सोचो।

शामलाल : दुश्मन मरेंगे तो तार यहाँ क्यों आएगा।

राजकुमारी : ओह! अब क्या करें?

शामलाल : न जाने आज किसका मुँह देखा था?

राजकुमारी : घर में तो यही जादूगरनी आई है। मैं कहती हूँ निकाल बाहर करो नहीं तो कोई और आफ़त आ जाएगी।

शामलाल : पहले उसे बाहर करूँ या पहले तार खोलूँ।

राजकुमारी : पहले उसे बाहर करो।

शामलाल : अभी करता हूँ।

[नीता आती है।]

नीता : अरे क्या हुआ? क्या है आपके हाथ में?

शामलाल : *(बौखलाकर)* कुछ नहीं...कुछ नहीं?

नीता : कमाल है...आप इतने घबराए हुए क्यों हैं?

[वो बढ़कर तार लेती है।]

शामलाल : हाथ न लगाना।

नीता : *(तार लेकर)* आप तो ऐसे कह रहे हैं कि जैसे ये बिच्छू या साँप हो।

[वह टेलीग्राम खोलती है, पढ़ती है और एकदम गम्भीर हो जाती है। दोनों उसे देखते हैं।]

नीता : *(सँभलकर)* क्या हुआ आपको?

शामलाल : बुरी ख़बर है न?

नीता : उफ़—मैं कहती हूँ हद है। वो आ रहे हैं।

राजकुमारी : कौन?

नीता : परेश जी।

शामलाल : कब?

नीता : *(घड़ी देखकर)* बस आए ही समझिए।

शामलाल : मैं कहता था न...वक़्त-बेवक़्त रोने लगती है...जाहिल कहीं की। मेरा भाई आने वाला है। दो साल बाद। कितना शुभ समाचार है और ये रो रही है। *(नीता को देखकर)* तुम क्यों रो रही हो।

नीता : कौन? मैं...नहीं तो।

शामलाल : तुम्हें उसके आने की ख़बर न थी?

नीता : ये बात उन्होंने मुझे नहीं बताई थी।

शामलाल : अब मज़ा आएगा।

नीता : हाँ, बड़ा लुत्फ़ रहेगा।

शामलाल : *(राजकुमारी से)* तुम खड़ी-खड़ी क्या देख रही हो?

राजकुमारी : तो क्या करूँ?

शामलाल : अरे दावत का बन्दोबस्त करो। परेश के दोस्तों को ख़बर करो।

राजकुमारी : पकाऊँ क्या?

शामलाल : सब कुछ पकाओ—बैगन का भर्ता...काबुली छोले...

[वे दोनों अन्दर जाते हैं। नीता अपनी अटैची लेती है और बाहर चली जाती है।]

[शामलाल और राजकुमारी चर्चा कर रहे हैं।]

राजकुमारी : खाने पर किस-किस को बुलाऊँ?

शामलाल : सबको बुलाओ। वो गोवर्धन दास, राजेश को और वो लड़की आजकल क्या करती है?

राजकुमारी : कौन-सी?

शामलाल : अरे वो ही जो बचपन में परेश के साथ खेला करती थी।

राजकुमारी : वो तो तीन बच्चों की माँ है।

शामलाल : क्या कहती हो?

राजकुमारी : तुम इस दुनिया में थोड़े ही रहते हो। दुनिया तरक़्क़ी कर रही है।

शामलाल : ये तरक़्क़ी है? तो तुमने क्यों नहीं की?

[मुख्य दरवाज़े परेश से दाख़िल होता है।]

परेश : भैया...भाभी।

दोनों : *(दोनों एक साथ)* परेश...

[वह उन दोनों के पैर छूता है और बैठ जाता है। परेश अपने बैग से एक पैकेट निकालता है और राजकुमारी को देता है।]

परेश : भाभी, ये साड़ी आपके लिए?

राजकुमारी : मियाँ-बीवी दोनों कितना ख़याल रखते हैं।

परेश : और ये भाई साहब आपके लिए गर्म कोट का कपड़ा।

शामलाल : हँ...हँ...बहुत पैसे ख़र्च करते हो। इसकी क्या ज़रूरत थी।

[वक़्फ़ा]

शामलाल : तुमने हमें बता दिया होता...

परेश : क्या भाई साहब?

शामलाल : हम इतने बुरे तो नहीं...।

परेश : कौन कहता है? मुझे जितना प्यार आपसे मिलता है किसी भाई को नहीं मिला होगा।

शामलाल : तो फिर तुमने हम पर यक़ीन क्यों नहीं किया?

परेश : किस बात का यक़ीन?

शामलाल : देखो, अब भी छुपा रहा है।

राजकुमारी : शरमा रहा है।

शामलाल : इस बात में शरम कैसी? दुनिया करती आई है...और अब तो ज़माना बदल गया है।

परेश : भाई साहब, आप क्या कह रहे हैं...मेरी कुछ समझ में नहीं आ रहा?

शामलाल : तुमने शादी कर ली और...

परेश : शादी...कैसी शादी...?

शामलाल : अरे भाई, शादी शादी होती है...और कैसी शादी?

परेश : कमाल करते हैं आप...मैं आपकी इजाज़त के बग़ैर शादी कर सकता हूँ क्या?

शामलाल : हाय...हाय लुट गए।

राजकुमारी : हाय...बरबाद हो गए।

शामलाल : मेरे रुपये।

राजकुमारी : मेरे गहने।

[दोनों अलग-अलग कमरों में जाते हैं। परेश हैरानी से उन्हें देखता है। दोनों आते हैं और बैठकर फिर मातम करते हैं।]

शामलाल : ग़ायब।

राजकुमारी : रफूचक्कर।

शामलाल : मैंने कहा था न कि चोर है।

राजकुमारी : मैंने कहा था न कि जादूगरनी है।

[फिर से दोनों अलग-अलग कमरों में जाते हैं। शामलाल हार लेकर आता है। राजकुमारी रुपये लेकर आती है।]

शामलाल : ये भी तो मालूम नहीं कि गुम क्या हुआ है?

राजकुमारी : पुलिस को ख़बर तो कर दो।

शामलाल : वो गई कैसे?

राजकुमारी : बस हवा हो गई।

परेश : बात क्या है? मुझे भी तो कुछ बताइए।

शामलाल : एक लड़की आई थी। कहती थी कि उसने तुमसे शादी की है।

परेश : मेरे साथ शादी? बकवास...क्या नाम था उसका?

शामलाल : नाम? नाम तो पूछा ही नहीं। तुमने पूछा था?

राजकुमारी : नहीं। ऐसी चिकनी-चुपड़ी बातें कर रही थी कि हम दोनों बेवकूफ़ बन गए।

परेश : कैसी थी वो?

राजकुमारी : थी तो सुन्दर।

शामलाल : मिज़ाज की भी बहुत अच्छी थी। मैं तो बहुत ख़ुश था। ऐसी बहू घर में आ जाए तो घर स्वर्ग बन जाए।

राजकुमारी : मेरे लिए तो इतनी सुन्दर साड़ी लाई है। क़ीमती..देखूँ तो है या ले गई।

[वह अन्दर जाती है और साड़ी लेकर आती है। परेश साड़ी देखता है।]

परेश : और कुछ कहती थी?

राजकुमारी : वो ओखला का ज़िक्र करती थी। बड़ी सुन्दर बातें करती थी। बिलकुल जादूगरनी थी। हम दोनों का मन मोह लिया था।

परेश : हाँ, वो बिलकुल जादूगरनी है। मन मोह लेती है। इसीलिए हर बाज़ी मार लेती है।

शामलाल : तुम जानते हो उसे?

परेश : हाँ, वो नीता है। बड़े घराने की है। मैंने उससे कहा था कि हम लोग साधारण आदमी हैं। हमारे घर तुम रह न पाओगी...जल्द भाग जाओगी।

शामलाल : तो?

परेश : तो उसने कहा था कि मैं तुम्हारे भाई और भाभी का मन जीत लूँगी।

शामलाल : तुम गधे हो।

राजकुमारी : बिलकुल मूर्ख हो।

शामलाल : इतनी अच्छी लड़की घर को स्वर्ग बना देती।

[दरवाज़े पर नीता आती है।]

परेश : नीता।

शामलाल : बहू।

नीता : मैंने सोचा क़िस्मत का फ़ैसला सुनती जाऊँ।

परेश : मुझे और शर्मिन्दा न करो नीता।

शामलाल : तुम जैसी लड़कियाँ हिन्दुस्तान में हों तो कुँवारे यूँ मारे-मारे न फिरें।

[परदा गिरता है।]

एहसास की चुभन

पात्र

केवल
मोना
नितिन

केवल : एक गिलास पानी देना मोना, सिर में दर्द हो रहा है।

[मोना जग में से पानी देती है।]

मोना : तुम वैसे तो नहीं पीते थे न?

केवल : वैसे मतलब?

मोना : कॉलेज के ज़माने में या उसके बाद।

केवल : कम पीता था।

मोना : रात तुम्हें होश नहीं था। तुम लड़खड़ा रहे थे और तुमसे बहुत बू आ रही थी।

केवल : बू लफ़्ज़ कुछ अच्छा नहीं है।

मोना : नितिन तुम्हें मिल गया होगा।

केवल : हाँ।

मोना : और फिर हमेशा की तरह तुम पीने चले गए।

केवल : नितिन सारा दिन मेरे साथ भटकता रहा है। उसने मेरी ख़ातिर दुनिया भर के दफ़्तर छान मारे।

मोना : नौकरी तो तुम्हें मिलेगी नहीं। हाँ, शराब पीना सीख लोगे।

केवल : पहली नौकरी भी उसी ने दिलवाई थी।

मोना : कितने दिन रही वो नौकरी।

केवल : इसमें उसका क्या क़ुसूर। मैं समझता हूँ कि बम्बई में मुझे किसी का सहारा है तो नितिन का।

मोना : जो आदमी ख़ुद अपना भला नहीं कर सकता वह दूसरों का क्या करेगा।

केवल : तुम्हें उसके नाम से चिढ़ है।

मोना : इसलिए कि मैं उसे जानती हूँ। मैं इसी शहर में तो थी, नितिन हमारे पड़ोस ही में तो रहता था।

केवल : मुझे उसमें कोई बुराई नज़र नहीं आती।

मोना : अच्छाई और बुराई में ज़रा फ़र्क़ रखना पड़ता है।

केवल : मैं तुमसे ज़्यादा पढ़ा-लिखा हूँ मोना।

मोना : कॉलेज के कमरे, कैंटिन और हॉस्टल ही तालीम नहीं देते।

केवल : मैं मर्द हूँ और मैंने दुनिया भी देखी है। शादी से पहले भी पीता था।

मोना : मैंने सुना था।

केवल : अब यक़ीन नहीं रहा?

मोना : यक़ीन तो था ही नहीं कभी।

केवल : शादी क्यों की फिर?

मोना : हिन्दुस्तान में हर लड़की को शादी करनी पड़ती है।

केवल : कोई अपना मनपसन्द ढूँढ़ लेती।

मोना : यह काम माँ-बाप करते हैं।

केवल : तुम्हारे लिए अब कोई बचने का रास्ता नहीं?

मोना : इसी को यहाँ धर्म कहते हैं।

केवल : मुझे तुमसे हमदर्दी है।

मोना : तुम जानते हो कि मुझे तुम्हारी हमदर्दी की ज़रूरत नहीं।

केवल : हाँ, मैं जानता हूँ।

मोना : और मैं नितिन को जानती हूँ। दिन भर घूमना, दोस्तों से मिलना, उनके लिए सिनेमा की टिकट लाना, शराब की दावतें उड़ाना, यह नितिन का काम है।

केवल : अपनी नज़र से देखती हो।

मोना : शहर मैं आकर नज़र ख़रीदी है क्या?

केवल : यह नज़र कॉलेज के हॉस्टलों ने दी है।

मोना : इसका मोल क्या है?

केवल : मोल ठहराने वाली तुम कौन हो?

मोना : क्योंकि मैं तुम्हारी नज़र का मोल चुका रही हूँ।

केवल : तुमने ही शहर-शहर की रट लगाई थी।

मोना : तुमसे ख़ुद कुछ नहीं होता। कितने महीने हो गए हैं कि तुम बेकार

हो, बाहर निकलते हो तो नितिन का सहारा लेना पड़ता है।

केवल : मैं वैसे ही परेशान रहता हूँ। तुम बकवास सुनाकर मुझे और परेशान करती रहती हो।

मोना : तुम ये भी जानते हो कि जितने रुपये मेरे पास थे तुम ख़र्च कर चुके हो।

केवल : तुम वापस मायके चली जाओ, मैं अपनी गुज़र कर लूँगा।

मोना : मैं वापस जाऊँगी तो बिरादरी वाले पूछेंगे कि लड़के में क्या ख़राबी थी? जब उन्हें यह मालूम होगा कि तुम बेकार हो तो वे तुम पर हँसेंगे और मेरे साथ हमदर्दी ज़ाहिर करेंगे।

केवल : मैं किसी के बाप का दिया नहीं खाता।

मोना : लोग हमारी इज़्ज़त का मज़ाक़ उड़ाएँगे।

केवल : मुझे न तुम्हारी परवाह है और न तुम्हारे घर की। मैं किसी का ज़र-ख़रीद ग़ुलाम नहीं। जिस तरह मैं चाहूँगा उसी तरह रहूँगा।

मोना : तुम दो साल से यही कह रहे हो। मेरी माँ मेरे नसीब पर रोती है। मेरे भाई मेरे लिए परेशान हैं।

केवल : जहन्नुम में जाएँ सब।

मोना : जब आदमी कुछ नहीं कर सकता है तो वह गाली देता है।

केवल : मोना, भगवान के लिए घर को नर्क न बनाओ।

मोना : इसलिए मैं तुमसे कहती हूँ कि तुम गाँव चलो। माल-मवेशी की देखभाल करो।

केवल : मैंने तालीम इसलिए नहीं पाई कि तुम्हारे जानवरों की देखभाल करूँ।

मोना : मेरे भाई यही करते हैं और राज करते हैं। मेरे बापू यही करते हैं और दस गाँव के मालिक हैं। तुम मेहनत करोगे तो मैं एक गाँव ले लूँगी। घर में दूध के दरिया बहेंगे। अनाज के ढेर होंगे और दस जानवर हमेशा आँगन में बँधे रहेंगे।

केवल : नितिन आज एक जगह जा रहा है। मैं उससे मिलने वाला हूँ। मुझे उम्मीद है कि मुझे काम मिल जाएगा। देखो, मैं गाँव में नहीं रह सकता। मैं शहर की ज़िन्दगी नहीं छोड़ सकता। मैं जानवरों की सेवा नहीं कर सकता। मैं उन वीरान से खेतों में नहीं रह सकता, मुझे मिट्टी और गोबर से वहशत होती है। मुझे उस दोपहर से वहशत होती है जो ख़त्म नहीं होती। घर जाता हूँ तो वक़्त काटना मुश्किल हो जाता है।

मोना : और मुझे इस शहर से नफ़रत है। यहाँ की हर चीज़ से नफ़रत

होती है। पार्कों, सिनेमाघरों और समुद्र के किनारों से भी नफ़रत है। मैं जब ठहरे हुए समुद्र को देखती हूँ तो मुझे जलन होती है। और जब समुद्र मचलता है, बहकता है तो जी चाहता है कि अपना सिर पटक लूँ।

केवल : अजीब बात है, मोना—बड़ी अजीब बात है। हमारी ज़िन्दगियाँ माँ-बाप के बस में हैं और दिमाग़ अपने बस में है। और रोज़गार नेमत है जो फ़रिश्तों को नसीब है।

मोना : अजीब बात है—बड़ी अजीब बात है। शादी होती है तो हक़ीक़त को पर लग जाते हैं। वक़्त का अन्दाज़ा नहीं होता, जिस्म, जान और रूह एक हो जाते हैं।

केवल : और अगर रोज़गार नहीं होता तो इनसान हुस्न खो देता है, यक़ीन खो देता है, नज़र खो देता है।

मोना : *(भर्राई आवाज़ में)* और रोज़गार नहीं होता तो आदमी मोहब्बत खो देता है।

केवल : आओ मोना कोई ख़्वाब देखें।

मोना : आओ कोई ख़्वाब देखें।

[मोना ख़्वाब देखती है लेकिन उस ख़्वाब में केवल नहीं।]

केवल : मैं काम में बेहद मसरूफ़ हूँ।

मोना : मैं इन्तज़ार कर रही हूँ।

केवल : मैं रात को भी हिसाब-किताब में जुटा रहता हूँ।

मोना : रात मुश्किल से गुज़रती है। महीने के बाद नोटों की गड्डी मिलती है। एक पल एक महीना।

केवल : ज़रूरीयात को गाजर-मूली की तरह काट देता हूँ।

मोना : मोहब्बत के बग़ैर ज़रूरीयात ज्योमेट्री के फॉर्मूले हैं और मुहब्बत की ज़रूरीयात दोनों को क़रीब लाती है।

केवल : एक इतवार का दिन मिले तो दोस्तों की भीड़ रहती है। ताश की बाज़ियाँ चलती हैं, क़हक़हे उठते हैं, गाली-गलौज चलती है, छेड़खानी होती है।

मोना : किस क़दर ठहराव है। किस क़दर यक़सानियत है।

केवल : बोरियत गले में अटक गई है।

मोना : हम दोनों वक़्त की नाजायज़ औलाद हैं।

केवल : हम दोनों दो वाकियात हैं। जिनका आपस में कोई ताल्लुक नहीं है।

मोना : *(एक वक़्फ़े के बाद)* कभी मुझे इस शहर से इश्क़ था।

केवल : कब की बात है?

मोना : जब मैं यहाँ कॉलेज में पढ़ती थी।

केवल : फिर?

मोना : मालूम है? मेरा ख़्वाब था कि मैं किसी बड़ी फर्म की रिसेप्शनिस्ट बनूँगी।

केवल : और तुम्हारा गाँव? और तुम्हारे माल-मवेशी?

मोना : तुम्हारी तरह मुझे उनसे नफ़रत थी। मैं एक मॉडर्न सोफ़िस्टिकेटेड लड़की बनना चाहती थी। मैं वक़्त के साथ भागना चाहती थी। मुझे नई-नई बातों में विज्ञान के आविष्कार, रॉकेट और चाँद की कहानी से इतनी दिलचस्पी थी जैसे बच्चों को परियों की कहानी से होती है।

केवल : अच्छा।

मोना : तुमने यहाँ की सड़कें तो देखी होंगी केवल?

केवल : हाँ-हाँ...

मोना : मैं उन मेन रोड्स की बातें नहीं करती, छोटी-छोटी सड़कें जो कॉलोनियों में से होकर गुज़रती हैं।

केवल : मैंने ध्यान नहीं दिया।

मोना : बड़ा मज़ा आता है मुझे। शाम को मैं सैर को निकला करती थी। दोनों तरफ़ दरख़्तों की क़तारें, जितनी ये छोटी सड़कें ख़ामोश होती हैं मैन रोड पर उतना ही हंगामा रहता है। ज़िन्दगी की दोनों तस्वीरें यहाँ मौजूद हैं।

केवल : तुम तो शहर से अच्छी तरह से वाक़िफ़ हो।

मोना : और मालूम है समुद्र मेरा दोस्त था।

केवल : दोस्त!

मोना : बड़ा गहरा दोस्त। मैं दिन में एक-दो बार ज़रूर जाती थी। और हमेशा देखती रहती थी। मुझे ऐसा लगता था जैसे वह मुझसे गुफ़्तगू कर रहा हो।

केवल : और अब?

मोना : अब ये मंज़र देखती हूँ तो माज़ी गिले करता है। मेरे पिछले गुज़रे हुए दिन अपनी नीली-नीली आँखों में आँसू भर लाते हैं। और अगर मैं नहीं देखती ये दिन काटे नहीं कटते।

केवल : सुना था कि तुम फ़ैशन की बड़ी दिलदादा थीं?

मोना : मैं हर चीज़ की दिलदादा थी, जो नई हो।

केवल : ख़ूब घूमा करती थीं?

मोना : बिलकुल लड़कों की तरह।

केवल : और क्या शौक़ था तुम्हें?

मोना : मैं कॉलेज के हर ग्रुप की मेम्बर थी। और पूरी दिलचस्पी लेती थी। पिकनिक पर जाना तो मेरा एक मशगुल्ला था। शोर मचाना, गीत गाना, फ़ैशन और ड्रेस, किसी कन्वीर की तरह बातचीत करना, आर्ट गैलरी में घूमना, और तो और विक्टोरिया गार्डेंस में जानवरों को देख-देखकर चहका करती थी।

केवल : काश कि हमारी शादी नहीं होती।

मोना : तुमसे नहीं होती तो किसी और से होती। माँ-बाप तो इसी ताक में रहते हैं और तुम तो अच्छे हो, मेहरबान हो।

केवल : क्या अच्छा हूँ? क्या मेहरबान हूँ?

मोना : एक बात बताओ।

केवल : हाँ।

मोना : तुमने कॉलेज में कोई इश्क़ नहीं किया?

केवल : नहीं।

मोना : क्यों?

केवल : वक़्त ही नहीं मिला।

मोना : यह तो बड़ी अजीब बात है। लड़कों को तो दो-चार इश्क़ करने ही चाहिए।

केवल : मैं दिन में काम करता था और शाम को पढ़ा करता था। मैंने दाएँ-बाएँ कभी नहीं देखा और ना ही मुझे मौक़ा मिला। जो कुछ कमाता था अपनी पढ़ाई और अपने घर पर ख़र्च हो जाता था। ये जितनी बातें तुमने की हैं मेरे लिए बिलकुल नई हैं। मुझमें ज़िन्दगी का माद्दा बिलकुल नहीं है। मैं बिलकुल मशीन हूँ। मैं जानवर तो क्या कॉमेडी फ़िल्म देखकर भी नहीं हँस सकता।

मोना : कभी किसी लड़की की तरफ़ देखा भी नहीं?

केवल : बचपन में जब मैं 15-16 साल का था...

मोना : मुझे बताओ, मुझे बड़ा शौक़ है सुनने का...

केवल : हमारे गाँव में नौटंकी वाले आए थे।

मोना : हाँ...

केवल : उसमें एक लड़की, गोरी-सी लड़की, मैं बुरी तरह आशिक़ हो गया था।

मोना : फिर?

केवल : यहाँ तक कि मैं रोज़ किसी न किसी तरह खेल देखने पहुँच जाता था और घर आकर सिसकता था, रोता था।

[मोना हँसती है और केवल मुस्कराता है।]

केवल : जब वे पास के गाँव में गए तो मैं वहाँ भी एक रात पहुँच गया। *(मोना हँसती है।)*

केवल : मैं इतना बेबस हो गया था कि खेल ख़त्म होने के बाद उसके टेंट में पहुँच गया।

[मोना मुस्कराती है।]

केवल : जब दाख़िल हुआ तो पता चला कि वह लड़की नहीं लड़का है।

[मोना ज़ोरदार क़हक़हा लगाकर हँसती है। फिर वह ख़ामोश हो जाती है और पूछती है।]

मोना : फिर क्या किया तुमने?

केवल : वापस चला आया।

मोना : बस?

केवल : और क्या करता?

मोना : रोना-धोना?

केवल : रोना-धोना तो हुआ, लेकिन साथ में हँसी भी आती थी।

मोना : च च च-च च...च।

[मोना ख़ामोश हो जाती है। फिर एकाएक कहती है।]

मोना : मेरे साथ तो शादी के बाद तुम्हें मायूसी हुई होगी?

केवल : मैंने कभी ख़्वाब में भी नहीं सोचा था कि मेरी बीवी इतनी ख़ूबसूरत और पढ़ी-लिखी होगी।

मोना : अब तो तुमने अपनी राय बदल ली होगी।

केवल : शुरू-शुरू में मेरी वो सारी कमज़ोरियाँ दूर हो रही थीं और लगता था कि मैं ज़िन्दगी से आशना हो रहा हूँ। लगता था कि मैं हर दिलचस्प बात सुन सकता हूँ, मुस्करा सकता हूँ और हँस सकता हूँ।

मोना : और अब?

केवल : अब हालात ऐसे हैं जो तुम्हारे और मेरे दरमियान हैं। शादी के

बाद भी हम अजनबी हैं, नौकरी मिलने पर ये ख़ला दूर हो रहा था और अब बेकारी ने और कशीदगी पैदा कर दी है।

मोना : तुम नहीं जानते, तुम्हारी कमज़ोरी ने मुझे चिड़चिड़ा बना दिया है। मैं चाहती हूँ तुम किसी का सहारा न लो, तुम ख़ुद अपने पाँव पर खड़े रहो, तुम्हें बचाते-बचाते मैं तंग आ चुकी हूँ।

केवल : लेकिन सहारे का फ़ायदा न उठाना भी बेवक़ूफ़ी होगी।

मोना : एक तो मैं ज़िन्दगी में नाकाम रही और तुम हो कि बहुत ही कमज़ोर, कुछ जान नहीं तुममें।

केवल : काश मैंने शादी न की होती।

मोना : ये भी तो दम नहीं ना तुममें कि तुम सब कुछ छोड़-छाड़ कर भाग जाओ।

केवल : हाँ, तुम सच कहती हो।

मोना : जब कुछ नहीं कर सकते तो सोचना बन्द कर दो और गाँव चले जाओ।

केवल : लेकिन नितिन...

मोना : ये नितिन वाली रट तुम नहीं छोड़ोगे। हमेशा उसके एहसान उठाते हो, बाहर जाते हो तो नितिन के साथ, चाय पीते हो तो नितिन के साथ, मंसूबे बनाते हो तो नितिन के साथ, अगर कोई उम्मीद हो तो सिर्फ़ नितिन। बता सकते हो कि वो तुम पर इतना मेहरबान क्यों है?

केवल : इसलिए कि वह अच्छा है, इसलिए कि वह मेहरबान है।

मोना : नहीं, सिर्फ़ यह वजह नहीं हो सकती।

केवल : मैं तो यही समझता हूँ।

मोना : तुम तो यही समझते हो। वह हर शख़्स पर इतना मेहरबान क्यों नहीं, वह रात-दिन तुम्हारे लिए ही क्यों परेशान रहता है? वह सारा-सारा दिन क्यों तुम्हारे लिए भटकता है?

केवल : मैं समझा नहीं।

मोना : तुम किसी क़ाबिल नहीं हो। तुम शहर के क़ाबिल नहीं हो।

केवल : तुम तो यही रट लगाए रहती हो, जो उम्मीद कहीं नज़र आती है उसे पहले ही ख़त्म कर देती हो।

[अपना कोट उठाता है और जाने लगता है।]

मोना : नितिन के पास चले?

केवल : हाँ नितिन के पास...

[मोना दुखी होकर वहीं बैठी रहती है। फिर उठती है। बर्तनों को लेकर अन्दर जाती है और फिर बाहर आती है। दरवाज़े की तरफ़ जाती है। दरवाज़े पर उसे नितिन मिलता है।]

मोना : तुम?

नितिन : केवल घर पर नहीं...

मोना : वह...तुमसे मिलने गए हैं।

नितिन : ओह...तुम...

[नितिन जाने के लिए मुड़ता है।]

मोना : कुछ ज़रूरी काम है?

नितिन : नहीं...बस यही...

मोना : क्या?

नितिन : वो नौकरी के लिए कह रहा था।

मोना : नौकरी मिल गई?

नितिन : हाँ, मेरे एक दोस्त की फ़र्म में है। पहले 7000 रुपये तनख्वाह होगी। बाद में बढ़ सकती है।

मोना : लेकिन उन्हें नौकरी नहीं चाहिए।

नितिन : क्या बकती हो?

मोना : *(मुस्कराती है)* क्या कहा तुमने?

नितिन : मेरा मतलब है...के...बड़ी मुश्किल से नौकरी मिली है।

मोना : तुम उन पर एहसान करना चाहते हो?

नितिन : एहसान की बात किसने की है?

मोना : मैं तुम्हारा एहसान नहीं लेना चाहती।

नितिन : लेकिन किस कमबख़्त ने एहसान की बात की है।

मोना : तुम उनके लिए क्यों मेहनत कर रहे हो?

नितिन : अजीब बात है। अगर मैं किसी के काम आ सकता हूँ तो मेरी ख़ुशक़िस्मती होगी।

मोना : ख़ुशक़िस्मती होगी?

नितिन : बिलकुल?

मोना : क्यों?

नितिन : यही कि मैं किसी के काम आ सकता हूँ।

मोना : किसके काम?

नितिन : केवल के।
मोना : बस?
नितिन : हाँ, बस।
मोना : केवल कौन है?
नितिन : वो...वो...
मोना : हाँ?
नितिन : वो तुम्हारे पति हैं।

[कुछ देर के लिए दोनों ख़ामोश हो जाते हैं।]

[वक़्फ़ा]

मोना : मैंने जो साड़ी पहन रखी है, उसका रंग तुमने चुना है?
नितिन : हाँ।
मोना : और ये टी-सेट तुमने ख़रीदकर दिया है?
नितिन : हाँ।
मोना : कब देखा था हमने ये टी-सेट?
नितिन : एक दिन था जब हम साथ थे।
मोना : और ये खिड़कियों और दरवाज़ों के पर्दों का रंग?
नितिन : मैंने ही चुना था।
मोना : क्यों?
नितिन : तुम्हें ये रंग बहुत पसन्द था।

[वक़्फ़ा]

मोना : सुना है तुम आजकल कोई काम नहीं करते हो?
नितिन : मुझसे कोई काम नहीं होता।
मोना : क्यों?
नितिन : मालूम नहीं।
मोना : क्या करते हो?
नितिन : आवारगी करता हूँ।
मोना : वक़्त कट जाता है?
नितिन : वक़्त काटता हूँ।
मोना : और अगर नहीं कटता तो?
नितिन : तो शराब पीता हूँ।
मोना : क्यों पीते हो?

नितिन : ताकि वक़्त कट जाए।

मोना : बस?

नितिन : ताकि तुम याद न आओ।

मोना : पीने के बाद याद नहीं आती?

नितिन : अगर याद आती हो तो और पीता हूँ। कभी तुम्हें भुलाने के लिए पीता हूँ और कभी याद करने के लिए पीता हूँ।

[वक़्फ़ा]

मोना : तुम अच्छा नहीं करते।

नितिन : हाँ, मुझे मालूम है।

मोना : तुम्हें कोई काम करना चाहिए।

नितिन : मैंने ढूँढ़ लिया है।

मोना : उनके लिए नौकरी तलाश करना?

नितिन : जब मुझे मालूम हुआ कि केवल के पास रोज़गार नहीं तो मेरे होश-ओ-हवास उड़ गए। अब मैं बहुत ख़ुश हूँ।

मोना : *(तक़रीबन रोकर)* कितने दुख की बात है।

नितिन : मालूम है ये कौन-सा महीना है?

मोना : कौन-सा महीना है?

नितिन : मुझे भी नहीं मालूम था। कल सुबह जब मैं छत पर गया तो मैंने शीशम और गुलमोहर के पेड़ों की तरफ़ देखा। पेड़ जैसे थालियों में फूल डाले हँस रहे हों, तो मुझे मालूम हुआ कि मार्च का महीना है। बहार शुरू हो चुकी है। मालूम है बहार में क्या होता है?

मोना : *(झिझकती आवाज़ में)* क्या होता है?

नितिन : बहार में हवा का लम्स गर्म हो जाता है। फूल खिलने लगते हैं और आसमान का रंग बेतरहा नीला होने लगता है।

[वक़्फ़ा]

मोना : हम लोग वापस गाँव जा रहे हैं।

नितिन : गाँव वापस जा रहे हो?

मोना : हाँ।

नितिन : लेकिन क्यों?

मोना : तुमसे भागकर...

नितिन : मैंने क्या किया है?

मोना : मैं गाँव में थी तो बड़ी ख़ुश थी। मैंने हालात के साथ समझौता कर लिया था। मुझे उनकी कमज़ोरियाँ भी अच्छी लगती थीं।

नितिन : यही बात है तो मैं इस रास्ते नहीं गुज़रूँगा। मैं तुमसे तो क्या केवल से भी नहीं मिलूँगा और अगर किसी तरह किसी चौराहे पर मुलाक़ात हो भी गई तो मैं पहचानने से इनकार कर दूँगा।

मोना : कई दिनों से मेरे वो तमाम दिन जो अबदियत में खो गए थे। वापस लौट आए हैं—वो मुझसे तक़ाज़ा कर रहे हैं।

नितिन : तुम आँखें बन्द कर लो तो लौट जाएँगे...

मोना : मैं आँखें बन्द करती हूँ तो दिल के दरवाज़े खुल जाते हैं और जब दिल को सँभालती हूँ तो ज़ेहन की दस्तक ऊँची होने लगती है।

नितिन : देखो मोना, यह पागलपन की बातें छोड़ो। मैंने बड़ी मिन्नत-समाजत से केवल के लिए यह नौकरी तलाश की है। उसको आदमी की ज़रूरत न थी—मेरे कहने पर उसने एक जगह बना दी है।

[वक़्फ़ा]

मोना : तुम मेरा मिज़ाज़ जानते हो?

नितिन : हाँ, मैं जानता हूँ।

मोना : मैं यह ज़ंजीर तोड़ भी सकती हूँ।

नितिन : बकवास न करो।

मोना : लेकिन केवल इतने कमज़ोर हैं—उन्होंने ज़िन्दगी में कुछ नहीं देखा। बचपन से काम करते आए हैं—कॉलेज के दिनों में भी बैल की तरह, अपने माँ-बाप, बहन-भाइयों के लिए बोझ ढोते रहे हैं—अब मैं आ गई हूँ।

नितिन : मैं जानता हूँ केवल एक बच्चा है? ज़िन्दगी की बुराइयाँ उसे छू नहीं गईं—इतना सीधा है, इतना अच्छा है—इतना नेक है कि दिल भर आता है।

मोना : अब कोई हादसा न हो तो अच्छा है।

नितिन : अब कोई हादसा नहीं होगा।

मोना : हम गाँव वापस जा रहे हैं।

नितिन : लेकिन यहाँ रहकर भी...अब तो उसे नौकरी मिल गई है।

मोना : नितिन, तुम केवल को मुझसे छीन रहे हो।

नितिन : मोना, भगवान के लिए मुझे गुनहगार न बनाओ—ज़िन्दगी वैसे ही परेशान है—हसरतें, उम्मीदें, पतझड़ के पत्तों की तरह मेरे दामन से गिर रही हैं।

मोना : मैं सच कह रही हूँ नितिन, तुम केवल को मुझसे छीन रहे हो।

नितिन : उफ्फोह...या भगवान!

मोना : और मैं एक क़दम डगमगा गई तो हादसा होगा...केवल बीमार हो जाएँगे। उन्हें इस वक़्त ख़ुदएतमादी चाहिए और मैं यहाँ उनके लिए कमज़ोरी साबित हूँगी।

[वक़्फ़ा]

नितिन : तुमने यहाँ की सड़कें देखी हैं?

मोना : हाँ।

नितिन : मैं मेन रोड्स की बात नहीं करता। छोटी-छोटी सड़कें, जो कॉलोनियों से होकर गुज़रती हैं—ये सड़कें ख़ामोश हैं। दोनों तरफ़ सायेदार दरख़्त सोते हैं।

मोना : अच्छा।

[वक़्फ़ा]

नितिन : भगवान न करे कोई हादसा हो।

[केवल का प्रवेश]

केवल : नितिन, तुम यहाँ हो। मैं तुम्हारे घर पर गया था।

नितिन : मैं तुमसे कहने आया हूँ केवल, वो नौकरी जिसकी मुझे बड़ी उम्मीद थी—वो भी नहीं मिली। नौकरी तो एक नेमत है जो फ़रिश्तों को नसीब होती है। मैं तुम्हारी कोई मदद नहीं कर सकता।

[बाहर चला जाता है।]

केवल : यह शहर है कि कोई भेड़िया है? देव है, आदमी घिसता जा रहा है। *(वह कुर्सी पर बैठता है। अपने हाथों से चेहरा ढक लेता है।)*

मोना : *(रोते हुए)* वापस गाँव चलते हैं। तुम्हें एक गाँव ले दूँगी। तुम खेतों की देखभाल करना, जानवरों की देखभाल करना, तुम

राज करोगे। घर में दूध के दरिया बहेंगे, दस-दस जानवर आँगन में बँधे रहेंगे *(सिसककर)*, तुम मिट्टी और गोबर की बू से भी आशना हो जाओगे।

[वह सिसक रही है।]

[परदा गिरता है।]

इक बँगला बने न्यारा

पात्र

सुपरवाइज़र
क्लर्क
रिपोर्टर
आदमी
लड़की

[हाउसिंग बोर्ड का दफ़्तर।

दीवारों पर प्लान के बड़े-बड़े नक़्शे लगे हुए हैं। कुछ एक मॉडल भी हैं। सामने मेज़ पर एक हार, एक कप चाय और एक फ़्रेम भी रखी हुई है, जो बग़ैर किसी तकलीफ़ के इस्तेमाल की जाती है।

काम करने वाले कुछ बिहंगम से आदमी हैं, उनकी ज़ात में मिज़ाज की ज़्यादा गुंजाइश है। सिर्फ़ लड़की ख़ूबसूरत है।

रिपोर्टर और क्लर्क ख़ास तौर पर बसे हुए आदमियों की अलामत हैं। आदमी भी उसी तबक़े से ताल्लुक़ रखता है, लेकिन अपनी बेनियाज़ी की वजह से हँस लेता है, जब वह दाख़िल होता है DAZED हालत में है।]

सुपरवाइज़र : हार मँगवा लिया है?

क्लर्क : यस सर।

सुपरवाइज़र : कितने बजे आने को कहा था?

क्लर्क : 11 बजे।

सुपरवाइज़र : 11 तो बज गए हैं।

क्लर्क : आता ही होगा।

सुपरवाइज़र : अगर न आया तो?

क्लर्क : तो...तो...तो...

सुपरवाइज़र : तो...तो...मैं भी समझता हूँ, लेकिन सवाल फिर भी आता है, अगर वह न आया तो...?

क्लर्क : तो...तो...तो, वह नहीं आएगा।

सुपरवाइज़र : तुम्हारा मतलब है कि मैं यह नहीं जानता कि वह अगर नहीं आया तो नहीं आएगा।

क्लर्क : यर सर, मेरा मतलब यही है, या वह आएगा, या नहीं आएगा।

सुपरवाइज़र : क्लर्की करते हुए कितने साल हो गए हैं?

क्लर्क : फ़ाइल लेकर आऊँ, सर?

सुपरवाइज़र : नहीं, उसकी ज़रूरत नहीं है। दरअसल मेरे कैरियर का सबसे बड़ा कारनामा है, जब से मैं सुपरिंटेंडेंट बना हूँ, यह पहला वाक़िया है।

क्लर्क : यस सर।

सुपरवाइज़र : हाँ! और मेरी स्पीच के बाद तालियाँ बजाने का प्रोग्राम बनाया है न?

क्लर्क : यस सर।

सुपरवाइज़र : सारा स्टाफ़। यह स्टाफ़ का फ़र्ज़ होता है कि जब सुपरिंटेंडेंट स्पीच दे तो वे तालियाँ बजाएँ।

क्लर्क : मैंने अपनी माँ और छोटे भाई को भी बुला लिया है।

सुपरवाइज़र : किसलिए?

क्लर्क : तालियाँ बजाने के लिए।

सुपरवाइज़र : अच्छा किया है, किधर हैं?

क्लर्क : बाहर हैं, मैंने कह दिया है कि जब वे तालियों की आवाज़ सुनें तो बाहर तालियाँ बजाना शुरू कर दें। हो सकता है कि इस ख़ुशी में सड़क पर जाते हुए लोग भी तालियाँ बजाना शुरू कर दें।

सुपरवाइज़र : बहुत मुमकिन है, और फिर हिन्दुस्तानी भाइयों की आदत भी है कि सोचे-समझे बग़ैर नक़ल करना शुरू कर देते हैं। और वे रिपोर्टर कहाँ हैं?

क्लर्क : बाहर बीड़ी पी रहे हैं।

सुपरवाइज़र : बस अब वह आ जाए, अगर वह नहीं आया तो?

क्लर्क : तो...तो...तो...

[आदमी दाख़िल होता है। उसके पीछे रिपोर्टर (प्रेस) का आदमी भी है। सुपरवाइज़र बहुत ख़ुश होता है।]

सुपरवाइज़र : आप ही हैं न?

आदमी : आपके लिए मैं हो सकता हूँ, पर अपने लिए नहीं हूँ।

सुपरवाइज़र : आपने नाम की जगह स्याही का धब्बा डाला था?

आदमी : वह इसलिए कि मैं नाम भूल चुका हूँ।

सुपरवाइज़र : और पते की जगह पर पुराना पुल लिखा था।

आदमी : यही एक वह जगह है, जहाँ मुझे कोई नहीं छेड़ता।

सुपरवाइज़र : कितने बड़े आदमी हैं आप?

आदमी : आदमी हूँ, इसका शक है मुझे।

सुपरवाइज़र : कितनी नम्रता, *(लड़की से)* हार!

[वह मेज़ से हार लेकर जल्दी से पहनाती है। स्टाफ़ के सारे आदमी तालियाँ बजाते हैं। रिपोर्टर फ़ोटू लेता है।]

आदमी : यह किस झूठ की सज़ा दी जा रही है?

सुपरवाइज़र : जी...!

आदमी : आम तौर पर हिन्दुस्तान में उसको हार पहनाया जाता है जो झूठ बोलता है, जितना बड़ा झूठ, उतना बड़ा हार।

रिपोर्टर : इंटरव्यू?

सुपरवाइज़र : थोड़ा आराम करने दो, कितने थके हैं! *(लड़की से)* चाय!

[वह फ़ौरन चाय का कप थमाती है। वह एक लम्हा चाय के कप को देखता है। फिर एक घूँट चाय पीकर कप लड़की को थमा देता है, अब तो वह ख़ुश है।]

आदमी : आप रोज़ ही चाय पीते हैं?

सुपरवाइज़र : हम चाय ही नहीं, खाना भी रोज़ खाते हैं।

आदमी : मेरे जहाँ में इतनी अच्छी बातें कोई नहीं करता है।

रिपोर्टर : इंटरव्यू?

सुपरवाइज़र : हाँ!

[वे उसे कुर्सी पर बिठाते हैं। वह बड़ी स्टाइल से बैठता

है। एक-आध नज़र लड़की पर डालता है। लड़की मुस्कुराती है। क्लर्क शक भरी नज़रों से दोनों को देखता है। रिपोर्टर निहायत परेशान है। कहाँ से शुरू करें—ऐंठता है और चीख-सा पड़ता है।]

रिपोर्टर : तो?

आदमी : 'तो' थोड़ा ऊँचा हो गया।

[लड़की हँसती है। हँसती हुई अच्छी लगती है। वह शर्माती है।]

रिपोर्टर : आप मकान के बारे में क्या सोचते हैं?

आदमी : इतने ज़हीन आदमी हो, मुझे इसका अन्दाज़ा न था।

रिपोर्टर : *(ख़ुश होकर)* और जबकि आपको अपने आदमी होने पर भी शक है।

आदमी : इसका कारण कोई बहुत बड़ा नहीं है। कई साल हो गए हैं कि मैं अकेले अपने आप तनहा मीठी नींद सोया नहीं हूँ।

रिपोर्टर : तो आप सोना चाहते हैं? *(सब हँसते हैं।)*

आदमी : यही इच्छा है कि मुझे यह विश्वास हो कि कोई मुझे देख नहीं रहा है। अपनी नींद सोऊँ, अपनी नींद जागूँ।

रिपोर्टर : कमाल है, आप इस ज़माने में भी सपना देखते हैं। तो आप कैसे मकान के बारे में सोचते हैं?

आदमी : जैसे आप नहीं बनाते?

रिपोर्टर : मतलब?

आदमी : यही, आपके मकानों का कोई कैरेक्टर नहीं, रेल के डिब्बों की तरह सब एक से खड़े कर देते हैं। काग़ज़ी दीवारें, बात करो अपनी बीवी से तो जवाब देती है पड़ोस की औरत, रोता किसी का बच्चा है, लगता है हमारे पैदा हुआ है। *(लड़की ज़ोर से हँसती है।)*

सुपरवाइज़र : मिस! डिसिप्लिन! अनुशासन, यह बड़े आदमी, यह महान आत्मा, मेरे डिपार्टमेंट का क्या इम्प्रेशन ले जाएँगे।

लड़की : सॉरी सर।

सुपरवाइज़र : *(आदमी से)* सॉरी सर, रिपोर्टर!

रिपोर्टर : तो...

आदमी : मैं और किसी सवाल का जवाब नहीं दूँगा।

सुपरवाइज़र : कारण?

आदमी : आपने इन्हें हँसने से क्यों मना किया है? *(लड़की शर्माती है।)*

सुपरवाइज़र : सॉरी सर! मिस! आप जब जी चाहे, जैसा जी चाहे हँस सकती हैं। मुस्कुरा सकती हैं, बल्कि गाना भी गा सकती हैं।

लड़की : थैंक यू सर!

सुपरवाइज़र : ऑल राइट सर।

आदमी : वेरी ऑल राइट सर।

सुपरवाइज़र : रिपोर्टर!

रिपोर्टर : तो...

आदमी : तो...तो...

रिपोर्टर : कैसे मकान के बारे में सोचते हैं?

आदमी : मैं जज़्बाती हो सकता हूँ?

सुपरवाइज़र : आप चाहे तो आँसू भी बहा सकते हैं।

आदमी : कोशिश करता हूँ। सबसे पहले मैं अपनी पहली बात ख़त्म करना चाहता हूँ। चाय का एक और कप नहीं मिल सकता।

सुपरवाइज़र : सॉरी सर! एक विज़िटर के लिए एक हार और चाय के एक कप का कोटा है। इस खाते में दूसरा कप चाय का नहीं आ सकता।

आदमी : डिसिप्लिन, अनुशासन...

सुपरवाइज़र : यस सर...

आदमी : वेरी गुड सर...

सुपरवाइज़र : रिपोर्टर!

रिपोर्टर : तो... आप कैसे मकान के बारे में सोचते हैं?

आदमी : मैं एक काम करता हूँ।

सुपरवाइज़र : काम करना इनसान का पहला अधिकार है।

आदमी : काम करके भूल जाना इनसान का दूसरा अधिकार है। इस अधिकार का फ़ायदा उठाकर मैं जज़्बाती होता हूँ। अपना ख़ूने-ज़िगर पीता हूँ जिसकी मुझे ख़ास आदत है। रोने की कोशिश भी करता हूँ और एक भाषण भी देता हूँ। *(तालियाँ)* आप लोग जब मकान बनाते हो तो यह भूल जाते हो कि मकानों में कोई बसने वाला है। मज़दूरों के लिए मकान बनते हैं तो ऐसे जैसे मुर्ग़ियों के दरबे। दो आदमी एक साथ खड़े होकर हरकत करें तो टकरा जाएँ। दिन में भी बिजली की रौशनी की ज़रूरत पड़ती है। हवा तो हवा हो जाती है। अच्छा फ़िक़रा कहा है न?

लड़की : बहुत अच्छा। इस पर तालियाँ आनी चाहिए थीं। *(तालियाँ बजाती है।)*

आदमी : यानी वह उसूल जो एक सेहतमन्द फ़िज़ा के लिए ज़रूरी होते हैं, सिरे से ख़ारिज होते हैं, और जब आप नौकरीपेशा लोगों के लिए मकान बनाते हैं, तो इनकी सफ़ेदपोशी की तरह मकान भी वैसे होते हैं। ऊपर से टिपटॉप, अन्दर से खोखले, ख़ाली काग़ज़ी मकान, सूरत शक्ल से, क़द-काठ से, देखने, सुनने में एक जैसे। आदमी जब अपने घर में दाख़िल होना चाहता है तो पड़ोस के घर में घुस जाता है। दूसरे मंज़िले पर जाना चाहता है तो कभी पहले मंज़िले पर पहुँच जाता है, और कभी तीसरे, क्योंकि किसी मंज़िले में कोई फ़र्क़ नहीं, मेरा ख़याल है इतना काफ़ी है।

लड़की : थोड़ा और बोलिए न!

आदमी : और? और इन सब लोगों के लिए जो फुटपाथों पर रहते हैं। झोंपड़ों में रहते हैं। गन्दी बस्तियों में रहते हैं—उनके लिए... तालियाँ...

[तालियाँ बजती हैं। आदमी भी बजाता है।]

रिपोर्टर : लेकिन आपने मेरे सवाल का जवाब अब भी नहीं दिया।

आदमी : जवाब देना बहुत ज़रूरी है?

रिपोर्टर : अगर आप जवाब नहीं देंगे तो मेरे अहम को धक्का लगेगा। इनसानियत के नाते आपको मेरे सवाल का जवाब देना ही पड़ेगा।

आदमी : अपना सवाल दोहराओ...।

रिपोर्टर : ओह, धन्यवाद, *(रोकने के अन्दाज़ में)* मैं आपका उपकार जीवन-भर नहीं भूलूँगा।

आदमी : सवाल दोहराओ।

रिपोर्टर : मैं आपके बर्ताव से इतना ख़ुश हूँ कि मुझे रोना आ रहा है।

आदमी : अच्छी बात है। दो-एक आँसू बहा लो, लेकिन जल्दी।

रिपोर्टर : लेकिन थोड़ी गड़बड़ है।

आदमी : गड़बड़ को तड़बड़ बना लो, और अपनी बड़बड़ चालू रखो।

रिपोर्टर : मेरी आँखों में आँसू नहीं हैं। *(सभी हँसते हैं।)*

सुपरवाइज़र : रिपोर्टर!

रिपोर्टर : यस सर, *(तैयार होकर)* तो आप कैसे मकान के बारे में सोचते हैं?

आदमी : बस दीवारों में खिड़कियाँ हों कि आदमी खिड़की खोलकर गली-मोहल्ले में झाँक सके। झुककर आसमान के एक नीले टुकड़े को निहार सके। दरवाज़े के बाहर एक आँगन हो। आँगन न हो तो एक बालकनी हो, कि आदमी आसमान के नीचे बैठ सके, और सुबह, और सुबह में चलती हुई हवा के झोंके को अपनी मुट्ठी में बन्द कर सके। इसका मतलब है कि बाहर की आवाज़ न सुन सके।

[सब हैरानी से उसे देखते हैं।]

आदमी : क्या हुआ? मुझसे नाराज़ हो गए आप लोग?

[कोई आवाज़ नहीं देता।]

सुपरवाइज़र : मैं आपको बताता हूँ। इनको शॉक लग गया है।

आदमी : शॉक?

सुपरवाइज़र : जिसको हमारी भाषा में धक्का कहते हैं।

आदमी : वह क्यों?

सुपरवाइज़र : वह इसलिए कि इस देश में ऐसे मकान का तसव्वुर ही नहीं है। यह बातें जो आपने फ़रमाई हैं, उनके लिए बिलकुल नहीं हैं, या बहुत पुरानी हैं, लेकिन मैं कहूँगा कि आप में बहुत गट्स हैं, जिसे हमारी भाषा में हिम्मत और हौसला कहते हैं।

[सब तालियाँ बजाते हैं।]

सुपरवाइज़र : रिपोर्टर! बस एक बात और लिख लेना कि यह एक ऐतिहासिक घटना मेरे होते हुए हुई है। इसका ज़रूर उल्लेख करना। इस याद में मैंने इनकी अर्ज़ी फ्रेम करवा दी है।

[लड़की फ्रेम देती है।]

सुपरवाइज़र : महोदय! यह आपकी है न?

आदमी : जी, इतनी बड़ी तहरीर और किसी की नहीं हो सकती है।

[स्टाफ़ की ओर देखता है।]

सुपरवाइज़र : तैयार! *(सब सिर हिलाते हैं।)* तो यह इस डिपार्टमेंट में पहला वाक़िया है कि एक नागरिक ने मकान माँगने की बजाय मकान बनाकर देने का वादा किया है।

आदमी : क्या?

[वह ढेर हो जाता है। लोग तालियाँ बजाते हैं।]

सुपरवाइज़र : अगर यहाँ के सभी नागरिक अपनी हिम्मत, अपने हौसले का इसी तरह सबूत दें, कि वे मकान माँगने की बजाय मकान बनाकर दें तो मैं विश्वास के साथ कह सकता हूँ कि हाउसिंग डिपार्टमेंट के बहुत से काम आसान हो जाएँ।

आदमी : मैं देख सकता हूँ?

सुपरवाइज़र : बड़ी ख़ुशी से।

[सुपरवाइज़र फ्रेम देता है। आदमी ग़ौर से देखता है।]

सुपरवाइज़र : क्लर्क! तुम्हारी माँ और भाई की तालियों की आवाज़ नहीं आई?

क्लर्क : *(खिड़की से झाँकता है।)* सॉरी सर, दोनों सो रहे हैं।

आदमी : अब तो एक कप चाय पिला दीजिए।

सुपरवाइज़र : सॉरी सर, एक विज़िटर के लिए एक हार और एक ही कप चाय का कोटा है।

आदमी : आप ऐसा कीजिए, हार को वापस बेच दीजिए और इससे चाय का एक और कप मँगवा दीजिए।

सुपरवाइज़र : वह बहुत पाजी है, नहीं मानेगा।

आदमी : उससे कहिए कि आधे पैसे दे दे।

सुपरवाइज़र : *(क्लर्क से)* क्यों?

क्लर्क : मुश्किल है।

आदमी : और अगर इससे न माने तो आधे पैसे में वह हार ख़रीद लीजिए और कल जो विज़िटर आएगा, उसे पहना दीजिए।

सुपरवाइज़र : हाँ, शायद यह हो सकता है। तुम जाओ, पहला हार आधे पैसे में बेच लो। फिर उन्हीं पैसों में वह हार ख़रीद लो और उस विज़िटर के खाते में एक कप चाय मँगवा दो।

क्लर्क : इतना मुश्किल काम तो मैंने ज़िन्दगी में नहीं किया।

सुपरवाइज़र : हद है, चलो मेरे साथ।

[हार लेकर दोनों निकल जाते हैं।]

रिपोर्टर : सर!

आदमी : यस सर।

रिपोर्टर : मैं समझता हूँ कि वह मकान जो आप बनाकर देने वाले हैं, उस

पर मेरा अधिकार ज़्यादा है।

आदमी : कारण?

रिपोर्टर : पहला कारण तो यह कि मैं आदमी हूँ।

आदमी : अच्छा!

रिपोर्टर : दूसरा यह कि मैं दो वक़्त रोटी खाने की काफ़ी कोशिश करता हूँ।

आदमी : तीसरा?

रिपोर्टर : तीसरा कारण ज़रा टेढ़ा है। मैं इस मकान की सारी खिड़कियाँ बन्द करके जी भरकर रोना चाहता हूँ।

आदमी : आपके इस तीसरे कारण से जान पड़ता है कि आपको मकान की सख़्त ज़रूरत है।

रिपोर्टर : आपके यह कहने से मेरा अब भी फूट-फूट कर रोने को जी चाहता है।

आदमी : तो?...

रिपोर्टर : तो क्या, आँखों में आँसू ही नहीं *(ज़ोर से हँसता है)* तो?

आदमी : वह तो...

[हाथ मिलाता है। रिपोर्टर निकल जाता है। लड़की उसके क़रीब जाती है। मीठी आवाज़ में कहती है]

लड़की : आप सचमुच तो मकान इसको नहीं दे रहे हैं?

आदमी : वह मकान जो अभी बना ही नहीं।

लड़की : वह मेरे सपनों में बस गया है।

आदमी : मकान ही, या और कुछ भी?

लड़की : आपने कैसे जान लिया?

आदमी : क्योंकि जैसे एक मकान होता है। उसमें दूसरे कमरों के अलावा बेडरूम होता है। आदमी उसे बड़े प्यार से सजाता है। हल्के गुलाबी पर्दे, कुछ एक सुन्दर चित्र, मिले-जुले आदमी और औरत के कपड़े। ऐसे ही इनसान के जिस्म में एक दिल होता है। बिलकुल बेडरूम की तरह। आदमी उसे ख़ुशबुओं से सजाना चाहता है।

लड़की : आप कवि हैं?

आदमी : मैं आदमी हूँ, और इस पर भी मुझे शक है।

लड़की : इतनी प्यारी बातें?

आदमी : वह इसलिए कि पिछले दस वर्षों से कोई लड़की मेरे इतने क़रीब

नहीं खड़ी हुई। किसी ने इतने क़रीब से मुझे नहीं देखा, किसी ने इतने क़रीब से मुझसे बातें नहीं कीं।

लड़की : आपने ठीक समझा।

आदमी : तो!

लड़की : आपने उन्हें देखा भी है?

आदमी : मैंने तो एक बार इस कच्चे पुल के गँदले पानी में अपना चेहरा देखा था, अब तो वह सूरत भी भूल चुका हूँ।

लड़की : आप मज़ाक़ कर रहे हैं?

आदमी : आपको मज़ाक़ लगता है?

लड़की : और नहीं तो! अभी तो वह गए हैं न सुपरिंटेंडेंट साहब के साथ।

आदमी : अच्छा वो...

लड़की : हाँ, 180 पाते हैं। तीन रुपए साल तरक़्क़ी। अब डिपार्टमेंटल इम्तिहान की तैयारी कर रहे हैं। पास कर गए तो तनख़्वाह सीधे दो सौ पचास हो जाएगी। और तरक़्क़ी पाँच सालाना। तनख़्वाह मुक़र्रर तारीख़ पर नहीं मिलती, पर मिलती ज़रूर है। मेरी तनख़्वाह भी दो सौ दस रुपये है। आप ज्यों ही मकान देंगे, हम शादी कर लेंगे।

आदमी : ओह!...

लड़की : तो?

आदमी : तो...तो...

लड़की : माने?

आदमी : एक बात बताइए।

लड़की : हाँ...

आदमी : अगर आप कहीं किसी जगह पर दोबारा मिल जाएँ तो मुझे पहचान लेंगी?

लड़की : आप भी कमाल की बात करते हैं। हम दोनों हाथ जोड़कर यूँ नमस्ते कहेंगे, और फिर आपको चाय की दावत देंगे। ख़ुद पूछेंगे, 'शक्कर?' अगर आपने कहा दो चम्मच, तो हम एक चम्मच डालेंगे।

आदमी : वह क्यों?

लड़की : आप उस वक़्त इसी तरह पूछेंगे, 'वह क्यों?' और हम हँसकर जवाब देंगे। वह इसलिए कि चाय हमने हाथों से बनाई है। इसमें चासनी घुल गई है। शक्कर की ज़रूरत नहीं है।

[वह बेइख़्तियार हँसती है।]

आदमी : जीने की तबीयत चाह रही है अब तो।

लड़की : और जब आप वह मकान दिलवाएँगे तो उसके बेडरूम को हम दिल की तरह सजाएँगे, और हमेशा आपको याद रखेंगे।

आदमी : मरने को तबीयत चाह रही है।

लड़की : आप कुछ परेशान नज़र आ रहे हैं?

आदमी : काश! कि कोई ऐसी हालत पैदा हो जाए कि हर किसी को यूँ मकान के लिए तरसना न पड़े, हर किसी को ज़रूरत के मुताबिक़ ख़ुद-ब-ख़ुद मकान मिल जाया करे।

लड़की : इसका मतलब है आप हमें वह मकान नहीं दे रहे हैं?

आदमी : वह मकान जो अभी हमारे लिए तैयार ही नहीं हुआ।

लड़की : कम से कम वादा तो कर लीजिए। कई साल बीत गए। पहले उनके पास नौकरी न थी। फिर नौकरी मिली। वह पैसे हर लिहाज़ से कम पड़ते थे। फिर हमने नौकरी कर ली। ऑफ़िस के बाद हम दोनों रोज़ एक न एक कमरा देखने जाते हैं...कभी कमरा है तो पानी की कमी, कभी दूसरी चीज़ें हैं तो कमरा नहीं। और यह सब बातें एक कमरे में हों तो पगड़ी इतनी कि हम वापस लौट आते हैं। दूसरी सुबह फिर अख़बार में कॉलम देखते हैं। फिर नया सफ़र, फिर मायूसी! *(आवाज़ भर आती है।)*

आदमी : *(मुस्कराकर)* देखिए, अगर इस तरह आप भावुक हो जाएँगी तो वह रिश्ता, जो इन घड़ियों में पैदा हुआ, वह टूट जाएगा।

लड़की : तो... ?

आदमी : तो... तो...

लड़की : माने?

आदमी : कि आप जो मुझे समझ रही हैं। मैं वह नहीं हूँ, आप जो नहीं समझ रही हैं, मैं वह हूँ।

लड़की : माने?

आदमी : यही एक बात मैं आपको समझाना चाहता हूँ।

लड़की : तो?

आदमी : तो... तो...

[लड़की हँस पड़ती है।]

लड़की : माने?

आदमी : अब आप हँसने लगी हैं तो अच्छी लगती हैं।

लड़की : कभी-कभी मन भर आता है।

आदमी : मन को अपने प्लास्टिक के पर्स में रखा कीजिए, है न आपके पास?

लड़की : वह रखा है।

आदमी : जब कभी प्लास्टिक का पर्स पुराना हो जाए तो उसे दिल समेत कहीं भूल जाया कीजिए, तो फिर मैं, आपके होने वाले पति, और आप, तीनों मिलकर आपके दिल की तलाश में निकलेंगे, और हो सकता है कि वह मेरे इस कच्चे पुल के आसपास पड़ा हुआ मिले।

लड़की : बिलकुल हो सकता है।

आदमी : आपकी इस मुस्कराहट को देखकर मेरा विश्वास लौट आया है।

लड़की : वह विश्वास जो लौट आया है, उसे लोटे में बन्द करके मुझे दे दीजिए।

आदमी : वही तो कर रहा हूँ। वह बात जो मैं सिर्फ़ आप ही को कहना चाहता हूँ।

लड़की : तो...?

आदमी : तो...तो...

लड़की : माने?

आदमी : इसके पहले एक वादा कीजिए।

लड़की : कर लिया।

आदमी : मेरी दास्तान-ए-मोहब्बत जिसमें दास्तानें शामिल हैं, उसे सुनकर आप भावुक नहीं होंगी।

लड़की : बिलकुल नहीं, बल्कि हँसती रहूँगी।

आदमी : मुझे पिछले छह दिनों से एक गेस्ट हाउस से निकाल दिया गया है।

लड़की : क्या बात है?

आदमी : एक पुराना लोहे का ट्रंक, जिसमें कपड़े और किताबें थीं। वह ज़ब्त कर लिया गया।

लड़की : किस ख़ुशी में?

आदमी : कि मैंने पिछले छह महीने से किराया अदा नहीं किया।

लड़की : बहुत मुनासिब हुआ।

आदमी : फिर मैंने एक बहुत ज़रूरी काम किया।

लड़की : वह क्या?

आदमी : मैंने अपना वह पुराना दिल, जिसमें दो-चार ग़ज़लें टेप की थीं, दो-चार नूरजहाँ, और सहगल के ट्रेजिक गीत भी शामिल थे, और चन्द एक किताबों का अर्क़। वह पुराना दिल मैं उस पुराने लोहे के ट्रंक में पैक कर आया था।

लड़की : हाय बेचारा पुराना दिल।

आदमी : दो रोज़ बाद गेस्ट हाउस का मालिक उसी पुराने पुल पर मुझे ढूँढ़ता हुआ मिला, बोला, 'अपना वह लोहे का ट्रंक वापस ले जाओ, क्योंकि रात में सहगल और नूरजहाँ DUET गाते हैं। वह इतने दर्दनाक होते हैं कि गेस्ट हाउस का कोई आदमी नहीं सो पाता।'

लड़की : तो...?

आदमी : तो...तो...

लड़की : *(हँसकर)* माने?

आदमी : मैंने कच्चे पुल के गँदले पानी में उसे उसकी शक्ल दिखाई। अपना चेहरा देखकर वह भाग खड़ा हुआ और आज तक वापस नहीं लौटा।

[दोनों हँसते हैं।]

लड़की : अब?

[वह संजीदा हो जाता है।]

आदमी : फिर बाक़ी के चार दिन, चार रातें भूखा-प्यासा, न नींद आए, न चला जाए...न सोचा जाए, न समझा जाए। दिन की गर्मी, रात की सर्दी, गँदले पानी की बू, मेरे जिस्म की बू, मेरे ख़ाली ज़ेहन की बू, मैले-कुचैले कपड़ों की बू, ट्रंक में छोड़े हुए गीत-ग़ज़लें, किताबों का अर्क़, सबने परेशान कर दिया। निचोड़कर रख दिया मुझे। मैंने कहीं से काग़ज़ ढूँढ़ा, कहीं से टूटी हुई पेंसिल देखी, और एक मकान के लिए अर्ज़ी दी, कि मुझे मकान की सख़्त ज़रूरत है।

लड़की : और यह वह अर्ज़ी है, जो सुपरवाइज़र साहब ने फ़्रेम करवाकर रख दी है?

आदमी : *(मुस्कराकर)* बिलकुल, दिमाग़ की इस हालत में बजाय इसके कि मुझे मकान दीजिए। मैंने लिख दिया कि मैं आपको मकान

बनाकर देता हूँ।

[दोनों हँसते हैं... ख़ामोशी]

लड़की : अगर हमें कोई कमरा मिल गया—अच्छा-बुरा, छोटा-बड़ा, तो उसमें जो बालकनी होगी न, वह हम लोग आपको दे देंगे।

आदमी : मरने को जी चाह रहा है।

[सुपरवाइज़र और क्लर्क दाख़िल होते हैं। सुपरवाइज़र के हाथ में प्लेट है। क्लर्क के हाथ में कप। दोनों उसे चाय का कप पेश करते हैं।]

सुपरवाइज़र : आपका फ़ार्मूला बहुत कामयाब रहा।

क्लर्क : उसने हार वापस ले लिया, और चाय मुफ़्त।

आदमी : *(चाय एक घूँट में पी जाता है।)*

सुपरवाइज़र : मैंने कहा, तुम हार वापस ख़रीद लो।

क्लर्क : फिर वही हार वापस बेच दो।

सुपरवाइज़र : क्योंकि हमें एक कप चाय ख़रीदनी है।

क्लर्क : वह हार जो तुमने पूरी क़ीमत में बेचा था।

सुपरवाइज़र : वह हार हम आधी क़ीमत में बेचने को तैयार हैं।

क्लर्क : फिर वही हार हम इसी आधी क़ीमत में ख़रीदने के लिए तैयार हैं।

सुपरवाइज़र : और हम इस विज़िटर की आख़िरी ख़्वाहिश पूरी करना चाहते हैं।

क्लर्क : पहले वह मुस्कराया, फिर वह हँसा, और बोला कि हमारी हालत देखकर उसका जी चाह रहा है कि फूलों की दुकान बन्द करके चाय की दुकान खोल ले। और हमारे मेहमान के लिए सूरज निकलने और सूरज डूबने के साथ एक-एक कप चाय रोज़ पेश किया करे।

सुपरवाइज़र : फिर वह मुस्कराया, फिर वह हँसा और आपका पहना हुआ हार उसने ख़ुद पहन लिया, अपना चाय का कप उसने हमें थमा दिया, और बड़ी हसरत से हमें जाते हुए देखता रहा।

क्लर्क : और हमें बड़ा गर्व है कि हम आपके किसी काम आ सके।

सुपरवाइज़र : और आते रहेंगे।

क्लर्क : कभी-कभी जाते रहेंगे।

सुपरवाइज़र : क्योंकि दुनिया आती-जाती है।

क्लर्क : आने-जाने के दरमियान एक इंटरवल है।

सुपरवाइज़र : जिसको ज़िन्दगी कहते हैं।

क्लर्क : ज़िन्दगी से ज़िन्दगानी बनती है।

सुपरवाइज़र : ज़िन्दगानी, जो चार दिन की है।

क्लर्क : वह चार दिन जो काटे नहीं कटते।

सुपरवाइज़र : जो कटते कम हैं, काटते ज़्यादा हैं। इससे याद आया, मेरे घर में मच्छर ज़्यादा हैं। क्योंकि रसोई के ऊपर जो रसोई है, वह टपकती है। इसलिए मेरी प्रार्थना है, वह मकान जो आप बनाने वाले हैं, उस पर मेरा अधिकार ज़्यादा है, क्योंकि यह ऐतिहासिक घटना मेरे होते हुए इस ऑफ़िस में पेश हुई है।

[इन दोनों की बातों में आदमी ख़ासा मज़ा लेता है।]

आदमी : एक बात बताइए।

क्लर्क : मुझसे पूछिए।

सुपरवाइज़र : तुम चुप रहो, मैं तुमसे सीनियर हूँ। फ़रमाइए महोदय!

आदमी : घटना और दुर्घटना में कितना अन्तर है?

क्लर्क : सिर्फ़ दुर लगाने की कसर रह जाती है।

सुपरवाइज़र : देखा न, तुम कितने मौक़ाशनास हो। इस ऐतिहासिक प्रश्न का ऐतिहासिक उत्तर मैं देता तो उस ऐतिहासिक घटना में उसका उल्लेख हो जाता।

आदमी : वह दुर मैं लगा देता हूँ।

सुपरवाइज़र : तो...?

आदमी : तो...तो... *(लड़की हँसती है।)*

सुपरवाइज़र : माने?

आदमी : हमने एक बात नहीं सोची।

सुपरवाइज़र : क्या?

आदमी : कि इस मकान, और फिर ऐसे मकान बनाने के लिए पैसे कहाँ से आएँगे।

[बाहर से तालियों की आवाज़ आती है। क्लर्क उचककर देखता है।]

क्लर्क : देखा न सर, मैंने कहा था कि वे ज़रूर तालियाँ बजाएँगे, मेरी माँ और मेरा छोटा भाई।

सुपरवाइज़र : इनसे कह दो, मेरी आइटम ख़त्म हो चुकी है।

क्लर्क : *(चिल्लाता है)* बस बस *(तालियों की आवाज़ रुक जाती है।)*

आदमी : और इस ऐतिहासिक घटना का जो ऐतिहासिक नतीजा हमने निकाला है कि पैसे कहाँ से आएँगे। इसके लिए तालियाँ...

[सब तालियाँ बजाते हैं।]

[जल्दी से आदमी निकल जाता है।]

क्लर्क : पैसे।

सुपरवाइज़र : कहाँ से आएँगे।

लड़की : *(बेइख़्तियार हँसती है।)*

[तालियों की आवाज़ धीमी हो जाती है।]

[जैसे वह सोच रहे हों, लड़की हँसती है।]

[पर्दा गिरता है।]

दायरा

पात्र

अशोक
आशा
मुकुंद
रयाज़

[स्थान : रेलवे प्लेटफ़ार्म और गाड़ी का फ़र्स्ट क्लास डिब्बा।

समय : रात

एकांकी का सेट :

स्टेज को दो हिस्सों में बाँटा गया है। दाईं तरफ़ एक बोर्ड लगा है, जिस पर कुछ लिखा है। साथ ही एक लैंपपोस्ट है।

बाईं तरफ़ एक चौकोर-सा प्लेटफ़ार्म उठा हुआ है। उस पर एक अपर बर्थ और एक लोअर बर्थ बनी है। उसके साथ दाईं तरफ़ डब्ल्यू.सी. लिखा है। बीच की दोनों तरफ़ खिड़कियाँ हैं। खिड़कियों के साथ ही दरवाज़ों के जोड़ हैं और ऐन बीच में एक स्टैंड बना हुआ है। जिस पर इस्तेमाल की कुछ चीज़ें रखी हैं।

इस वक़्त रोशनी बेंच पर पड़ती है। रोशनी लैंपपोस्ट से छनकर आती है। उस पर अशोक बैठा है। वह नौजवान है। उसके पास एक बक्सा धरा है। वह बहुत थका है

और हारा हुआ-सा लगता है। लेकिन चेहरा मासूम है। रयाज़ दाख़िल होता है जो अच्छे कपड़ों में मलबूस है। लेकिन निहायत काइयाँ लगता है।]

रयाज़ : क्या मैं यहाँ बैठ सकता हूँ?

अशोक : तशरीफ़ रखिए।

रयाज़ : ज़रा अपने अटैची को एक तरफ़ करेंगे?

अशोक : ओ...हाँ...ज़रूर...

[रयाज़ बैठ जाता है। उसकी तरफ़ देखता है। ज़रा-सा मुस्कराता है। जेब से सिगरेट निकालता है।]

रयाज़ : सिगरेट पिएँगे?

अशोक : शुक्रिया। मैं सिगरेट नहीं पीता।

रयाज़ : यह तो बड़ी अच्छी बात है। मैं तो इसका ऐसा आदी हो गया हूँ कि एक मिनट इसके बग़ैर नहीं रह सकता।

[अशोक ज़रा-सा मुस्कराता है।]

रयाज़ : और मैं समझता हूँ कि सिगरेट इस सदी का सबसे बड़ा कारनामा है। यह हर मौक़े पर मुश्किल में काम आता है। *(रयाज़ ज़रा-सा रुकता है)* जैसे देखिए ना, यह इसी सिगरेट का करिश्मा है कि मैं आपसे इस क़दर बेतकल्लुफ़ हो रहा हूँ।

अशोक : इसमें क्या शक है।

रयाज़ : आप बुरा मान गए क्या?

अशोक : नहीं तो।

रयाज़ : आप बताने की तकलीफ़ गवारा करेंगे कि आप कहाँ जा रहे हैं?

अशोक : वापस अपने ठिकाने पर।

रयाज़ : ठिकाना! कितना ख़ूबसूरत शब्द है। ख़ूबसूरत-सा तसव्वुर ज़ेहन में आ जाता है। देखिए, शब्दों का इस्तेमाल भी ज़िन्दगी के लिए कितना ज़रूरी है।

अशोक : जी!

रयाज़ : आप फिर बुरा मान गए क्या?

अशोक : देखिए, मेरी ज़ेहनी हालत अच्छी नहीं है। मैं ज़रा परेशान हूँ, इसलिए मैं आपके किसी काम न आ सकूँगा।

रयाज़ : *(मुस्कराते हुए)* आप ज़रूर मेरे काम आ सकते हैं। देखिए, ज़रा परवरदिगार ने जितनी चीज़ें बनाई हैं वह किस मक़सद से...

अशोक : हाँ, लेकिन...

रयाज़ : और तो और यह पत्थर, कंकड़, मिट्टी, यह काँच का टुकड़ा भी काम आता है।

अशोक : लेकिन मैं बातें करने के मूड में नहीं हूँ। मेरा दिमाग़ थका-थका-सा है। मेरा दिल बोझल है और...और मैं बेहद परेशान हूँ।

रयाज़ : ऐसी भी क्या बात है। क्या कोई हादसा...ख़ुदा न करे...

अशोक : देखिए, आप मुझे मजबूर न कीजिए!

रयाज़ : आप बहुत थक गए हैं।

अशोक : हाँ, मैं बहुत थक गया हूँ।

रयाज़ : आप आराम करना चाहते हैं?

अशोक : हाँ, अब मैं आराम करना चाहता हूँ।

रयाज़ : बहुत तकलीफ़ देखी है शायद, बड़ी मायूसी...

अशोक : हाँ, बड़ी तकलीफ़ और बड़ी मायूसी। बड़ा दुख और बेपनाह रंज!...

रयाज़ : कहाँ?

अशोक : हर जगह, हर मोड़ पर, हर काम पर, हर राह पर!...

रयाज़ : आप मुझे बताएँगे?

अशोक : मैं किस-किस को बताऊँ? किस-किस से कहूँ? याद करते ही दिल बैठ जाता है।

रयाज़ : ज़िन्दगी बहुत बुरी है और आपकी उमर अभी...

अशोक : ज़िन्दगी बड़ी ज़ालिम है और मेरी उमर हसरतों के कंकड़ तलाश कर रही है।

रयाज़ : मुझे आपसे हमदर्दी है।

अशोक : काश, हमदर्दी मेरे किसी काम आ सकती। इस वक़्त तो मुझे रुपये की ज़रूरत है। दो सालों के बाद में अपने घर लौट रहा हूँ। मेरी माँ, मेरी बहन—मेरी अच्छी माँ, मेरी भोली बहन, मेरा रास्ता देख-देखकर थक चुकी होंगी। माँ को आशा होगी, मैं उसके आख़िरी दिनों का सहारा बनूँगा। बहन को यह उम्मीद होगी कि मैं उसे दुलहन बनाकर घर से विदा करूँगा। दोनों रास्ते के कंकड़-पत्थर चुन रही होंगी।

रयाज़ : चः चः चः...

अशोक : मैं गाँव से एक पोटली लेकर चला था...

रयाज़ : पोटली?

अशोक : हाँ, पोटली, जिसमें मेरी ज़िन्दगी की कमाई थी। मेरे पुरखों की कमाई।

रयाज़ : कहाँ है अब? किसके पास है? क्या था उसमें?

अशोक : उसमें मेरे बाप की शराफ़त थी, मेरी माँ की सच्चाई थी, मेरी बहन का प्यार था।

रयाज़ : ...

अशोक : मैं वही शराफ़त, वही सच्चाई, वही प्यार लेकर शहर के जंगल में दाख़िल हुआ था...

रयाज़ : फिर?

अशोक : मैं हमेशा चाहता था कि मैं अपनी माँ की लाज रखूँ, अपने बाप का हुक्म मानूँ...जो उन्होंने सिखाया है, जो तालीम हासिल की है...हर जगह उन पारस पत्थरों का इस्तेमाल किया करूँ, लेकिन दुनिया मेरी ईमानदारी, मेरी सच्चाई पर कभी तो हँसी, कभी ठुकरा दिया...और मैं शराफ़त, सच्चाई और प्यार की लाशें लेकर वापस चला आया।

रयाज़ : तो आप ख़ाली हाथ चले आए?

अशोक : दो साल मेरी माँ के ख़त आते रहे। उसने मुझे क़समें दीं, वास्ते दिए, बहन के प्यार के वास्ते, मेरी बहन जवान हो गई है। मेरे माँ-बाप फ़िकर के बोझ से दबे रहे। पिताजी उस ग़म से चल बसे और मैं शहर के जंगल में आवाज़ बुलंद कर अपनी दयानतदारी और ईमानदारी का ढिंढोरा पीटता रहा। मैंने कहा कि आप नई कम्पनी खोलकर इनकम टैक्स बचाते हैं और सरकार को धोखा देते हैं। वहाँ से मेरी नौकरी बरख़ास्त हो गई। तब मैं एक पब्लिशर की दुकान पर नौकर हुआ। वह पब्लिशर पाकिस्तानी लेखकों की किताबें चोरी से छापता था। मैंने उससे कहा कि यहाँ का लेखक बड़ा ग़रीब है। ख़ून के आँसू रोता है। भूखा मरता है। उसका हिस्सा क्यों लेते हो? पब्लिशर ने मुझे ग़ौर से देखा। और उस वक़्त मेरी पोटली मेरी गोद में फेंककर बोला...हिमालय पर्वत पर चले जाओ क्योंकि नेकी और अच्छाई, दुनिया का चलन नहीं...यह तो पहाड़ों, जंगलों और वीरानियों पर पाई जाती है...

रयाज़ : मुझे बहुत अफ़सोस है। वाक़ई आपकी कहानी दुखभरी है।... मैं...मैं आपके किसी काम नहीं आ सकता? क्या आपकी कोई

मदद नहीं कर सकता?

अशोक : अब तो मैं हारकर वापस लौट रहा हूँ।

रयाज़ : मैं ज़्यादा तो कुछ नहीं कर सकता...मैं आपको नौकरी पेश कर सकता हूँ।

अशोक : आप मुझे नौकरी देंगे?

रयाज़ : मैं भी इनसान हूँ साहब। मेरा भी दिल है।

अशोक : आप कितने अच्छे हैं!

रयाज़ : यह दुनिया बहुत बड़ी है। अब आप वापस अपने घर लौट रहे हैं?

अशोक : जी हाँ!

रयाज़ : अभी गाड़ी आने वाली है। थोड़ी देर आराम कीजिए। पुरानी बातों को भुला दीजिए। आप अपने घर लौट रहे हैं। यह ख़ुशी की बात है। वहाँ आपकी माँ का प्यार मिलेगा, बहन का प्यार, घर तो जन्नत है...

अशोक : न जाने उन लोगों का क्या हाल होगा! न जाने कैसे दिन काटे होंगे! बहुत दिनों से उनका ख़त भी नहीं आया। बहुत दिनों से मैंने भी ख़त नहीं लिखा...ऐसा लगता है, जैसे सब रिश्ते टूट गए हैं।

रयाज़ : ऐसा मत सोचिए। यहाँ आराम कीजिए। थोड़ी देर लेट जाइए।

अशोक : मैं अब बहुत थक गया हूँ।

रयाज़ : आपको आराम की ज़रूरत है।

अशोक : हाय, मेरा हर हिस्सा दर्द कर रहा है।

रयाज़ : आप लेट जाइए।

अशोक : *(लेट जाता है)* गाड़ी कब आएगी?

रयाज़ : बस, आई समझिए। मैं आपको जगा दूँगा। आप फ़िकर न करें। आप इतने अच्छे हैं कि मेरा दिल हमदर्दी से भरा जा रहा है।

अशोक : *(बड़बड़ाता है)* नेकी और अच्छाई दुनिया का चलन नहीं... यह तो पहाड़ों और जंगलों और वीरानियों पर पाई जाती है... मैं बहुत थक गया हूँ। मेरी माँ...मेरी बहन...*(सो जाता है)*।

रयाज़ : बेचारा शरीफ़ और नेक मुसाफ़िर...अटैची में कुछ है भी कि नहीं...बस सिर्फ़ कपड़े, कपड़े भी फटे हुए। चलो, अटैची बेंच देंगे। दस-बीस रुपये का सामान तो होगा। आराम करो मेरे बच्चे। अभी तुम्हें कुछ साल लगेंगे। तब कहीं तुम जीने के क़ाबिल होगे। सो जाओ, आराम करो।...ख़ुदा हाफ़िज़...।

[रयाज़ अटैची ले निकल जाता है।]

[आहिस्ता-आहिस्ता म्यूज़िक शुरू होता है, म्यूज़िक की लय में गाड़ी की सीटी, स्टेशन की घंटी भी शामिल है जिससे अन्दाज़ा होता है कि गाड़ी आ रही है और अचानक लय तेज़ हो जाती है और फिर एकदम रुक जाती है। जैसे गाड़ी प्लेटफार्म पर रुक गई हो। अब लय बहुत मद्धम और आहिस्ता-आहिस्ता बह रही है... इतने में अशोक उठता है। वह थका-थका...अँगड़ाई लेता है।]

अशोक : अरे, गाड़ी आ गई? मैं सो जाता तो...मेरी अटैची...

[वह बड़बड़ाकर बेंच के ऊपर देखता है। नीचे देखता है। फिर समझ जाता है।]

अशोक : इस सफ़र में आख़िरी हमदर्द मिला था। दो-चार फटी क़मीज़ें थीं वह भी ले गया। चलो, अच्छा हुआ। यह बोझ भी कम हुआ। अब सफ़र में आसानी होगी।

[गाड़ी आहिस्ता-आहिस्ता चल पड़ती है। गाड़ी का चलना म्यूज़िक से ही ज़ाहिर होता है। अशोक अभी तक खोया हुआ है।]

अशोक : इस दुनिया में कोई किस पर यक़ीन रखे? किस पर ईमान लाए?

[अब प्लेटफार्म की रोशनी आहिस्ता-आहिस्ता मद्धम हो जाती है और गाड़ी का कंपार्टमेंट रोशन हो जाता है। अशोक जल्दी से लपकता है और कंपार्टमेंट में सवार हो जाता है जो बाईं तरफ़ है।]

[कंपार्टमेंट की दो सीटें हैं। एक ऊपर, एक नीचे। निचली सीट के सामने स्टैंड है जिस पर फ्लास्क रखा है। बक्स रखा है। इस लम्हे एक आदमी बाहर आता है। वह अशोक को हैरानी से देखता है। उस आदमी की उमर चालीस-पचास बरस की है। आदमी बज़ाहिर सेहतमंद लगता है लेकिन उसकी हरकत मरीज़ाना है। शक्ल व सूरत से निहायत शरीफ़ और अमीर लगता है।]

अशोक : *(खिड़की से बाहर देखते हुए और फिर आदमी को देखते हुए।)* ओ...मैं तो फ़र्स्ट क्लास में आ गया। माफ़ कीजिए, मुझे... गाड़ी चल रही थी और मैं घबराहट में था...

[मुकुंद उसे देखते हुए अपनी सीट पर जा बैठता है।]

अशोक : मुझ पर यक़ीन कीजिए, मैं जानबूझकर इस डिब्बे में नहीं आया। मैं बेहद बौखलाया हुआ था।

मुकुंद : क्यों बौखलाए हुए थे?

अशोक : जी...जी...मैं प्लेटफार्म पर गाड़ी का इन्तज़ार कर रहा था।

मुकुंद : हूँ।

अशोक : वहाँ एक साहब मुझे मिले। उन्होंने मेरे लिए हमदर्दी ज़ाहिर की। मैं हमदर्दी के मीठे घूँट पीकर ज़रा ऊँघ गया था और जब आँख खुली तो वह साहब, मेरी अटैची लेकर ग़ायब हो चुके थे।

मुकुंद : क्या?

अशोक : बस, यही मेरी आख़िरी पूँजी थी। वही सामान था, मैं दो साल के बाद अपने घर जा रहा था।

मुकुंद : बहुत सामान था क्या?

अशोक : जी नहीं, सामान तो कुछ नहीं था। दो-चार फटी क़मीज़ें थीं, और...

मुकुंद : और?

अशोक : और मेरी माँ के ख़त थे! बहुत से ख़त!

मुकुंद : कोई राज़ की बात थी क्या उसमें?

अशोक : हाँ, राज़ की बात। गहरे राज़ की बात जो हर आदमी जानता है।

मुकुंद : क्या?

अशोक : उसमें हमारी ग़रीबी की कहानी थी। मेरी माँ के बहुत-से आँसू थे और मेरी बहन की वह तमाम रातें पत्थर बन गई थीं जो उसने जागकर गुज़ारी हैं।

मुकुंद : तुम खड़े क्यों हो, बैठ जाओ।

अशोक : आपको मुझ पर शक तो नहीं?

मुकुंद : नहीं तो!

अशोक : आपने मुझे माफ़ कर दिया न?

मुकुंद : अरे भई, इसमें माफ़ी की क्या बात है? तुम्हारी हालत में मैं

होता तो मैं भी ऐसा ही करता और शायद इससे भी बदतर! अब तुम बैठ जाओ आराम से।

अशोक : मैं आराम से कैसे बैठ सकता हूँ?

मुकुंद : क्यों, क्या बात है?

अशोक : मेरे पास टिकट तो थर्ड क्लास का है।

मुकुंद : थर्ड क्लास का?

अशोक : और अभी दूसरे स्टेशन पर टी.टी. आएगा।

मुकुंद : हूँ।

अशोक : मेरे पास पैसे भी तो नहीं। बची-खुची रकम थी जिससे मैंने टिकट लिया था।

मुकुंद : अच्छा, तो मैं तुम्हारा टिकट ले लूँगा।

अशोक : आप ले लेंगे?

मुकुंद : हाँ।

अशोक : आप कितने अच्छे है!

मुकुंद : रहने दो!

अशोक : क्या आप जैसे लोग इस दुनिया में मौजूद हैं?

मुकुंद : मेरा ख़याल है।

अशोक : लेकिन आप मुझ पर यह एहसान क्यों कर रहे हैं?

मुकुंद : क्यों कर रहा हूँ?

अशोक : देखिए, मैंने दुनिया में इतने चरके खाये हैं कि मेरा यक़ीन उठ गया है।

मुकुंद : बहुत मुमकिन है।

अशोक : और अब मुझे किसी अच्छाई पर यक़ीन नहीं रहा।

मुकुंद : तुम अगर इसके बारे में सोचो ही न...

अशोक : तो मैं यह एहसान न पचा सकूँगा।

मुकुंद : इसे एक हादसा समझ लो।

अशोक : समझने से कुछ न होगा। मैं जानना चाहता हूँ।

मुकुंद : मुझे ऐसा लगता है कि मैंने तुम्हें कहीं देखा है।

अशोक : लेकिन इससे क्या होता है?

मुकुंद : और शायद एक-डेढ़ साल से बाक़ायदा देख रहा हूँ।

अशोक : एक-डेढ़ साल से?

मुकुंद : और तो और यह आवाज़ भी सुनता रहा हूँ।

अशोक : आपकोई जादूगर तो नहीं?

मुकुंद : नहीं, मैं एक आम आदमी हूँ। फ़र्क़ इतना है कि मेरे माँ-बाप

मेरे इस्तेमाल के लिए बहुत-सा रुपया छोड़ गए हैं और तुम्हारे माँ-बाप ने...

अशोक : पिताजी ने बहुत मुश्किल से दिन काटे थे।

मुकुंद : बस यही फ़र्क़ है।

अशोक : लेकिन आपने मेरे सवाल का जवाब नहीं दिया?

मुकुंद : मैं तो समझता हूँ, मैंने जवाब दे दिया।

अशोक : आपका कोई मक़सद तो होगा? मुझे आपके रंग से, आपकी बातचीत से शक होता है।

मुकुंद : यह तो तुम्हारी ज़्यादती है।

अशोक : मुझे ज़माने ने यही तोहफ़ा दिया है—शक का! अभी जो साहब मुझे मिले थे, उन्होंने भी यही सिखाया है। आप मुझे पुलिस के हवाले तो न करेंगे?

मुकुंद : नहीं तो, मैं इतना बुरा नहीं हूँ।

अशोक : देखिए, मेरी बातों का बुरा न मानिए। मैंने पिछले दो सालों से बहुत तकलीफ़ देखी है। अब मैं थककर मायूस होकर, हारकर अपने घर वापस जा रहा हूँ। मेरी माँ मेरा रास्ता देख रही होगी। मेरी बहन आँखें बिछाए बैठी होगी। जब वह मुझे गली में आता देखेगी तो भैया कहकर मेरे साथ लिपट जाएगी। हम दोनों एक-दूसरे को बहुत चाहते हैं। लेकिन मैं अपनी बहन के किसी काम न आ सका। अब मैं ख़ाली हाथ वापस लौट रहा हूँ।

मुकुंद : देखो मैं ज़्यादा तो कुछ नहीं कर सकता लेकिन...मैं तुम्हें एक नौकरी दे सकता हूँ।

[अशोक मुस्कराता है।]

मुकुंद : तुम मुस्कराते हो?

अशोक : अभी जो साहब प्लेटफ़ार्म पर मिले थे। उन्होंने भी नौकरी देने का वादा किया!

मुकुंद : वो...

[इस दौरान में गाड़ी प्लेटफार्म पर आहिस्ता-आहिस्ता चलती हुई रुक जाती है।]

अशोक : अरे गाड़ी तो रुक गई। अच्छा, तो मैं चलता हूँ दूसरे कम्पार्टमेंट में। बहुत-बहुत शुक्रिया।

मुकुन्द : सुनो तो—

अशोक : जी नहीं। अब मैं नहीं ठहरूँगा।

[ज्यों ही वह उतरने की कोशिश करता है, टी.टी. दरवाज़े पर आ जाता है।]

टी.टी. : टिकट प्लीज़।

[अशोक पीछे हटने लगता है, टी.टी. डब्बे में दाख़िल होता है।]

टी.टी. : टिकट दिखाइए।

[अशोक बिलकुल ख़ामोश है।]

मुकुंद : माफ़ कीजिए, यह मेरे साथ हैं।

टी.टी. : जी।

मुकुंद : हाँ, जल्दी में मैं इनका टिकट रिज़र्व न करा सका। लाइए, एक टिकट काट दीजिए।

[टी.टी. उसके पास पहुँचता है। वह आपस में बातचीत करते हैं। मुकुंद कुछ नकदी देता है। इंस्पेक्टर सलाम करता है। एक मुस्कराहट से अशोक को देखता है और निकल जाता है। अशोक बिलकुल ख़ामोश है। वह एक सपना देख रहा है। गाड़ी धीरे-धीरे चल पड़ती है और फिर तेज़ हो जाती है।]

अशोक : आपने मुझ पर यह एहसान क्यों किया?

मुकुंद : तुम तकलीफ़ में हो। यह मेरा फ़र्ज़ है कि तुम्हारी मदद करूँ।

अशोक : मैं सदियों से तकलीफ़ में था। किसी ने आज तक मेरी मदद नहीं की।

मुकुंद : और तुम अच्छे भी हो, और नेक भी हो।

अशोक : आपको क्या मालूम कि मैं अच्छा हूँ।

मुकुंद : तुम्हारी सूरत से साफ़ ज़ाहिर होता है कि तुम भोले हो, बहुत शरीफ़ हो।

अशोक : इसलिए तो दर-ब-दर की ठोकरें खाता फिर रहा हूँ।

मुकुंद : ज़िन्दगी से इस क़दर मायूस नहीं होना चाहिए। क्या मालूम कब यह ज़िन्दगी तुम पर मुस्करा दे।

अशोक : इन्तज़ार बहुत बड़ा रोग है।

मुकुंद : लेकिन यक़ीन बहुत बड़ा ख़ज़ाना है।

अशोक : मैं आपके एहसान का बदला कैसे चुकाऊँगा?

मुकुंद : बहुत जल्दी है क्या?

अशोक : नहीं, लेकिन बोझ है दिमाग़ पर।

मुकुंद : यही तुम्हारी अच्छाई की निशानी है। तुम मुझे अपने बारे में और कुछ बताओ।

अशोक : मेरी कहानी बड़ी मुख़्तसर है।

मुकुंद : हूँ।

अशोक : एक ही क़िस्सा है। पिताजी बीमार रहते थे। बहन जवान थी। माँ परेशान थी। और मैं शहर के जंगल में रोज़गार तलाश करने आया और दो साल मुफ़्त बैठा रहा। लेकिन इसका मोल कुछ भी न था। आज थका हुआ वापस जा रहा हूँ।

मुकुंद : एक काम करोगे?

अशोक : ज़रूर करूँगा।

मुकुंद : बड़ी एहतियात की ज़रूरत है।

अशोक : हर मुमकिन कोशिश करूँगा।

मुकुंद : तुम्हें तकलीफ़ तो न होगी?

अशोक : आप कैसी बातें करते हैं। आप मुझसे काम लेकर एक और एहसान कर रहे हैं।

मुकुंद : मैं मरीज़ आदमी हूँ।

अशोक : भगवान आपकी उमर लम्बी करे।

मुकुंद : हाँ, मुझे ज़िन्दगी के कुछ साल और चाहिए। अपने लिए नहीं, किसी के लिए, मासूम के लिए। तुम्हारी तरह वह भी परेशान थी।

अशोक : मैं आपके लिए क्या कर सकता हूँ?

मुकुंद : मैंने दो रातें जागकर काट दी हैं। अब नींद के भारी बोझिल पत्थर मेरे दिमाग़ पर गिर रहे हैं।

अशोक : तो?

मुकुंद : मैं नहीं कह सकता। मेरा जिस्म किस वक़्त सो जाए। मेरा ज़ेहन कब नींद के जंगल में गिर खार हो जाए।

अशोक : लेकिन...

मुकुंद : और नींद मेरे लिए मौत होगी।

अशोक : जी!

मुकुंद : डॉक्टर ने कहा था कि मैं सफ़र न करूँ लेकिन मैंने ज़िद की। ग़ैर जगह पर वहसत हुई थी। दिल घबराता था और दिमाग़ बार-बार सो जाता था।

अशोक : तो?

मुकुंद : मैंने सोचा कि मर रहा हूँ। मरीज़ हूँ। कब जान दे दूँ।

अशोक : ऐसा न कीजिए।

मुकुंद : सोचा, इससे बेहतर है कि मैं अपने घर, अपनी धर्मपत्नी, अपनी मासूम बीबी के सामने जान दूँ। पास होने से मौत शायद इतनी भयानक न हो। और मेरे पास कुछ नगदी है। इस बैग में...

अशोक : बताइए, मैं आपके लिए क्या कर सकता हूँ?

मुकुंद : ये डॉक्टर ने मुझे गोलियाँ दी थीं कि सफ़र में हर दो घंटे के बाद मैं दो गोलियाँ खाता रहूँ। और दो रातें मैंने बराबर जागकर यह फ़र्ज़ निभाया है। और अब बहुत थक गया हूँ। नींद की बोझिल चट्टानें मेरे दिमाग़ पर गिर रही हैं और मेरा जिस्म सो रहा है।

अशोक : तो मैं...

मुकुंद : और मैं कुछ देर सोना चाहता हूँ। अगर मैं सो नहीं जाऊँगा तो मेरा दिमाग़ फ़ट जाएगा। अब जागकर मैं घड़ियाँ और पहर नहीं निगल सकता। आँखों के सामने अँधेरा छा रहा है। अब तो तुम भी मुझे बदले नज़र आते हो।

अशोक : मैं तो वही हूँ जिस पर आपने एहसान किए हैं।

मुकुंद : तुम्हारी सूरत बदल क्यों रही है। मुझे तुम पर शक हो रहा है। तुम वही मासूम और शरीफ़ लड़के हो न?

अशोक : मैं वही—मजबूर, मायूस लड़का हूँ।

मुकुंद : मुझे क्या हो रहा है। मुझे सख़्त नींद आ रही है। नींद कंकड़ों की तरह मेरी रगों में गुज़र रही है। मैं कुछ देर सोना चाहता हूँ।

अशोक : आप इत्मीनान से सो जाइए! आप आराम कीजिए!

मुकुंद : लेकिन मुझे गोलियाँ चाहिए! ठीक वक़्त पर। और अगर ज़रा भी देर हो गई तो...हो सकता है मैं दोबारा न उठ सकूँ!

अशोक : मैं हर मुमकिन कोशिश करूँगा। आप फ़िकर न करें।

मुकुंद : यह घड़ी ले लो! इसे देखकर वक़्त पर मुझे गोलियाँ देना। मैं तुम्हारा एहसान कभी नहीं भूलूँगा!

अशोक : मेरी आँखें घड़ी की सूइयाँ देखती रहेंगी। आप आराम करें। आप फ़िकर न करें। मैं वक़्त पर दवा दूँगा। दवा की शीशी मेरे

पास रहेगी। आप सो जाइए।

[मुकुंद लेट जाता है। और फ़ौरन नींद की गोद में चला जाता है।]

अशोक : कितना नेक आदमी है, कितना रहमदिल, कितना अच्छा...

[इतने में अशोक देखता है कि सामने के शीशे में उसका अक्स मुस्करा रहा है और कह रहा है...]

साया : बिलकुल फ़रिश्ता है।

अशोक : उसने मुझे यक़ीन दिया है।

साया : यह तुम्हें ज़िन्दगी भी देगा।

अशोक : ऐसे लोग बहुत कम हैं।

साया : जो किसी के काम आते हैं।

अशोक : अब मैं जी-जान से उसकी सेवा करूँगा और एहसानों का बदला चुकाऊँगा।

साया : यहाँ तुम भूल कर रहे हो!

अशोक : क्या?

साया : उसने तुम पर कोई मेहरबानी नहीं की।

अशोक : क्या?

साया : उसे अपनी ग़रज़ थी।

अशोक : यह झूठ है।

साया : यही सच्चाई है।

अशोक : सरासर झूठ है।

साया : बिलकुल यही सच्चाई है। अगर वह तुम्हें ख़रीद ना लेता तो अब वह इस तरह न सो सकता। और न सोने से उसके दिल की हरकत बन्द हो जाती! और अगर सो भी जाता तो दोबारा उठ न पाता!

अशोक : यह महज़ एक...हादसा है कि वह मरीज़ है।

साया : यह महज़ इत्तेफ़ाक़ है कि तुमने एहसान किया है।

अशोक : यह महज़ मेरी कमीनगी है कि मैं उसका बदला न चुकाऊँ!

साया : यह महज़ तुम्हारी नासमझी है कि तुम मौक़े का फ़ायदा न उठाओ।

अशोक : मौक़े का फ़ायदा?

साया : हाँ, मौक़े का फ़ायदा।

अशोक : कैसे?

साया : दवा मत दो! शीशी फेंक दो।

अशोक : यह मैं हरगिज़ न करूँगा।

साया : यही तुम्हें करना चाहिए। नहीं तो तुम हमेशा के लिए सड़ते रहोगे...मरते रहोगे। तुम्हारी बहन तुम्हारा इन्तज़ार करती रहेगी! तुम उसके लिए कुछ न कर सकोगे। तुम्हारी माँ रास्ते पर कंकड़-पत्थर चुनती रहेगी!

अशोक : यह ख़ुदग़र्ज़ी है, यह ज़ुल्म है।

साया : यह ज़िन्दगी की अदा है। तुम्हें ज़िन्दा रहने के लिए मौक़ा दिया जा रहा है।

अशोक : और क़ानून?

साया : क़ानून वकीलों और जजों की शतरंज है और उस शतरंज के लिए मोहरों की ज़रूरत है।

अशोक : मतलब?

साया : मतलब यह कि मरीज़ ख़ुद मर रहा है। दवा न देना सिर्फ़ इखलाकी जुर्म है जो क़ानून की गिरफ़्त में नहीं। क़ानून तब अपने पंजे गाड़ सकता है जब कि गवाह उसका सहारा देकर उठा दें और यहाँ सिर्फ़ तुम हो और एक मरीज़ है जो ख़ुद-ब-ख़ुद मर रहा है।

अशोक : यह सरासर धोखा है।

साया : इसके पास अच्छी नकदी है। तुम ग़रीब हो। तुम्हें रुपयों की ज़रूरत है और यह मरीज़ है, आज नहीं तो कल मर जाएगा।

अशोक : लेकिन उसे ज़िन्दगी के कुछ साल और चाहिए। उसे अपने लिए नहीं, अपनी मासूम बीबी के लिए जीना है।

साया : कोई किसी के लिए नहीं जीता। यह लेन-देन है। इस हाथ से ले, उस हाथ से दे।

अशोक : यह क़त्ल होगा।

साया : यह कुछ भी न होगा। वह रोगी है। अपनी मौत ख़ुद मर रहा है। तुम सिर्फ़ बैठ जाओ, या सो जाओ।

अशोक : लेकिन इस हालत में नहीं सो सकता।

साया : तुम आँखें बन्द कर लो।

अशोक : मैं मरते हुए आदमी की तकलीफ़ नहीं देख सकता।

साया : ज़रा हिम्मत से काम लो। थोड़ी देर की बात है। तुम्हें कुछ नहीं करना है। तुम्हें सिर्फ़ बैठना है। सिर्फ़ आराम करना है। तुम पर

कोई दाग़ नहीं आएगा। वह रोगी है।

[मुकुंद दवा के लिए हाथ बढ़ाता है। वह तकलीफ़ में है, वह छटपटा रहा है।]

साया : वह मर रहा है। देखो, उसकी साँसें उखड़ रही हैं। देखो, वह मर रहा है। देखो, वह छटपटा रहा है। उसके पास नकदी है। तुम्हें नकदी की ज़रूरत है। शीशी बाहर फेंक दो। वह मरीज़ है। अपनी मौत ख़ुद मर रहा है। शीशी बाहर फेंक दो। देखो अपनी मौत वह मर रहा है। उसके पास बहुत सरमाया है। तुम्हें उसकी सख़्त ज़रूरत है। ज़िन्दगी बड़ी ज़ालिम है। फेंक दो... फेंक दो...फेंक दो...।

[अशोक कभी मुकुंद को देखता है, कभी साये को। 'साये' के आख़िरी अल्फाज़ पर गाड़ी धक्के के साथ खड़ी हो जाती है। अशोक के हाथ से शीशी गिर जाती है। साया ग़ायब हो जाता है। वह चन्द गोलियाँ लेता है। वह बेपनाह घबराया हुआ है। जब वह चन्द गोलियों के साथ उठता है तो देखता है कि मुकुंद मर रहा है।]

अशोक : उफ़! हाय, मैंने क्या कर डाला। मैंने...मैंने उनकी जान ले ली। मेरा मतलब तो न था। अब तो यहाँ से निकल जाना चाहिए। पुलिस आएगी। ख़ामख़्वाह परेशानी होगी। हाँ, यह नकदी मेरे काम आएगी। मैं अपनी बहन की शादी ख़ूब धूमधाम से करूँगा। शायद भगवान को यही मंज़ूर होगा। लेकिन अब यहाँ से निकल जाना चाहिए। फ़ौरन...

[वह बैग उठाता है : ज्यों ही उतरने लगता है। क्या देखता है कि उसकी बहन दाख़िल होती है।]

अशोक : अरे, आशा! तुम?

आशा : भैया, तुम आ गए?

[आशा अशोक के साथ लिपट जाती है।]

आशा : तुम हमें छोड़कर कहाँ चले गए थे? माँ तुम्हें याद कर-करके रोती रहती है। भैया, तुम हमें क्यों भूल गए थे? तुम्हें मालूम था कि हमारा इस दुनिया में कोई नहीं है।

अशोक : मैं तुम लोगों की ख़ातिर ही तो भटक रहा था। आशा, मैं किसी औरत को देखता था तो माँ की याद आती थी। मैं किसी घर से गुज़रता था तो अपना घर याद आता था। मैंने बहुत दुःख झेले हैं। आशा...मैंने बहुत दुःख देखे हैं!!

आशा : तुमने ख़त लिखना क्यों छोड़ दिया? हम रो-रोकर जान दे रहे थे! तरह-तरह के शक आते थे। सारे त्योहार रो-रोकर हमने काटे थे। हमने सोचा कि भैया हमें भूल गए हैं।

अशोक : पगली, माँ-बहन को कौन भूल सकता है। लेकिन अब तुम चिन्ता न करो। मैं सारा दर्द सह चुका हूँ। मैं सारा ज़हर पी चुका हूँ। अब आशा के चिन्ता के दिन ख़त्म हो गए हैं। देखो तो...अरे यह माँग...यह मंगलसूत्र...तुम्हारा ब्याह हो गया है क्या?

[आशा शरमाकर सिर हिलाती है।]

अशोक : मुझे बताए बग़ैर शादी कर ली।

आशा : हमने बीस ख़त लिखे होंगे, लेकिन तुम्हारा पता ही न था।

अशोक : कौन है वह ख़ुशक़िस्मत?

आशा : उन्होंने हम पर दया की है भैया। हमारी ग़रीबी और लाचारी देखकर उन्होंने हम पर रहम किया है। वे देवता हैं—

अशोक : सुन्दर है ना?

आशा : मेरे लिए वे सुन्दर हैं। उन्होंने मुझे साफ़ बता दिया था कि वह रोगी हैं। लेकिन वे थक चुके थे। ज़िन्दगी के संग्राम में हार चुके थे। वह चाहते तो अपने धन-दौलत से दस शादियाँ कर सकते थे, लेकिन उन्होंने तुम्हारी बहन को पसन्द किया। मैंने कहा, तन-मन से उनकी सेवा करूँगी और वह रोग से मुक्त हो जाएँगे।

अशोक : मुझे अपनी बहन पर विश्वास है। अटल विश्वास है। लेकिन कौन हैं वे?

आशा : तुम उनसे मिले नहीं। इसी डिब्बे में तो सवार हैं। उनकी तबीयत ठीक नहीं थी।

अशोक : क्या...क्या, इस डिब्बे में?

आशा : हाँ, देखूँ तो...देखो कैसे आराम से लेटे हैं। थक गए हैं शायद। सफ़र की तकलीफ़ सह नहीं सकते न। देखो...उठिए न... हैं...ओ...

[वह हिलाती है और चीख़ पड़ती है।]

आशा : भैया, भैया। इनको क्या हो गया है। ये बोलते क्यों नहीं? मेरा सुहाग लुट गया भैया। भगवान के लिए उनसे कहो...

अशोक : तेरा भैया जितना अच्छा करना चाहता है, उतना ही उससे बुरा होता है।

आशा : तुम भी तो यहीं थे न भैया?

अशोक : हाँ, आशा मैं भी यहीं था!

आशा : तुमने कुछ भी न किया भैया!

अशोक : मेरी आँखों के सामने अँधेरा छा चुका था। मेरी आत्मा काली हो गई थी।

आशा : तुमने पहचाना क्यों नहीं उन्हें? मेरी आत्मा नज़र न आई?...मैं भी मर गई उनके साथ!...मैं भी मर गई...

[वह वहीं ढेर हो जाती है।]

अशोक : हाय! दर्द का दायरा कहीं ख़त्म न हो रहा...मैंने लाख कोशिश की कि निकल जाऊँ लेकिन कहीं न भाग सका। मेरी आत्मा को दीमक लग चुकी है। गुनाह और जुर्म मेरी रूह को चाट रहे हैं। आज मैंने अपने आप को बेच दिया है। आज मैंने आशा को खो दिया है।...आशा...मुझे माफ़ कर दे...मेरी बहन मुझे माफ़ कर दे...

[आशा उससे लिपट जाती है। दोनों रोते हैं।]

[परदा गिरता है।]

मौत के ख़ुशगवार साये

पात्र

केदार
भारती

[दार्जिलिंग की घाटी का एक रॉक। खिड़कियाँ और दरवाज़े बेलों और फूलों से लदे हैं। यहाँ हवा और रोशनी का ख़ास मिज़ाज है और किरदारों पर असर-अंगेज़ है। रॉक के बाहर आसमान और घाटियाँ नज़र आती हैं और कभी तो ये एहसास होता है कि रॉक ज़मीन का हिस्सा नहीं बल्कि आसमानी दुनिया का एक हिस्सा है। और यहाँ वक़्त की कोई अहमियत नहीं। एक लम्हे में कभी सदी गुज़र जाती है और कभी कुछ लम्हात गाँव की दोपहर की तरह नहीं गुज़रते। रोशनी और मौसीक़ी काफ़ी हद तक वीयर्ड और अनअर्थली है। किरदारों की हरकात और सकनात (मूव्स) भी काफ़ी हद तक ऐसी हैं—जैसे वे शतरंज के मोहरे हों और जैसे वे अपनी मर्ज़ी से चल-फिर न रहे हों।

केदार पलंग पर कम्बल ओढ़े तकिये का सहारा लिये हुए दरवाज़े की तरफ़ देख रहा है और अचानक भारती दरवाज़े पर खड़ी नज़र आती है...जैसे वह वहीं मौजूद हो...क्योंकि केदार की हर बात किसी याद से वाबस्ता है, सोच से ताल्लुक रखती है और वह अपने सामने वैसे ही देखता है।

भारती के हाथ में सफ़री सूटकेस है। वह एक दुशाला ओढ़े है। केदार की आवाज़ भारी है और वह स्टाइलाइज़्ड अदायगी करता है।]

केदार : मुझे उम्मीद थी आप मेरी मौत से पहले ज़रूर आएँगी।

[भारती सूटकेस रखती है और उसके सामने आती है।]

भारती : सिर्फ़ उम्मीद थी?

केदार : मैं अभी सोच रहा था कि मौत से पहले मुझे क्या याद करना चाहिए। कोई ऐसी बात कि मैं खो जाऊँ और अचानक मेरी साँसें उलझ जाएँ और मैं मर जाऊँ...और फिर मुझे आपका ख़याल आया।

भारती : तुमने मुझे माफ़ कर दिया है?

केदार : आप बैठ जाइए।

भारती : मैं तुम्हें जी भरकर देखना चाहती हूँ।

केदार : मैं बदला बिलकुल नहीं।

भारती : लेकिन मैं बदल चुकी हूँ।

केदार : सफ़र में परेशानी तो नहीं हुई।

भारती : मुझे किसी चीज़ का एहसास न था।

केदार : ये तो बुरी बात है।

भारती : जब से तुमने अपना घर छोड़ा है, मैं जाग रही हूँ।

केदार : उसे तो मुद्दत हो गई है।

भारती : और मैं मुद्दत से एक गुनाह अपनी आँखों में सँभाले तुम्हें देखने के लिए तरसती रही।

केदार : वह घर मेरा कभी न था।

भारती : ये हमारी बदक़िस्मती है कि तुमने उसे अपना घर न समझा।

केदार : आपके आने से पहले भी मैं उस घर में अनजबी की तरह रहा।

भारती : ये तुम्हारी बदक़िस्मती है।

केदार : हाँ—ये मेरी बदक़िस्मती है।

भारती : तुम क्यों अजनबी रहे?

केदार : मुझे ये भी मालूम नहीं। सिर्फ़ एहसास है।

भारती : किस बात का एहसास?

केदार : मैं कमरे से बाहर निकल रहा था कि मेरी नज़र माँ पर पड़ी। वह बिस्तरे-मर्ग पर पड़ी थीं। उन्होंने मुझे एक नज़र देखा। न

उन्होंने मुझे पास बुलाया, न आवाज़ दी। लेकिन मैं उस नज़र की ताब न ला सका। और वहाँ से निकल आया। कुछ देर के बाद पता चला कि माँ मर चुकी हैं और मैं अजनबी हो गया हूँ। जैसे वह घर बिक गया हो और मैं सिर्फ़ किरायेदार हूँ।

भारती : तुम्हारी माँ कैसी थीं?

केदार : मैं बहुत छोटा था उस वक़्त।

भारती : कोई बात याद है?

केदार : कुछ भी याद नहीं।

भारती : सिर्फ़ एक नज़र याद है?

केदार : वह नज़र कौन भूल सकता है। हालाँकि मैं उस वक़्त उस नज़र का मतलब न समझ सकता था और आज मुझे हर्फ़-ब-हर्फ़ याद है।

भारती : नज़र का मतलब?

केदार : बड़ी बेबसी थी उन आँखों में। वीरानी थी, ममता थी और उदासी थी। और वह बेबसी, वह वीरानी, ममता और वह उदासी सिर्फ़ मेरे लिए थी।

भारती : कभी अपनी माँ के बारे में सुना है?

केदार : पड़ोस में एक औरत सुनाया करती थी कि माँ मुझे हमेशा लादे फिरा करती थीं। मैं उनका बीमार बच्चा था। बचपन से मेरी सेहत ख़राब रहा करती थी और मैं अपनी माँ का चहेता था। बापू अकसर झल्लाया करते थे, 'बीमार माँ का बीमार बच्चा।'

[वक़्फ़ा]

केदार : आप ने बापू से इजाज़त ली है?

भारती : किस बात की इजाज़त?

केदार : कि आप मुझसे मिलने आ रही हैं?

भारती : मैंने उनसे कहा कि मैं केदार को देखने जा रही हूँ।

केदार : मैं एक बात कहूँ, आप बुरा तो नहीं मानेंगी?

भारती : अब मैं तुम्हारी किसी बात का बुरा नहीं मानती।

केदार : आप मेरे पास क्यों आई हैं?

[भारती अचानक रुकती है और एक लम्हे में उसकी आँखों में आँसू छलक आते हैं।]

भारती : *(रोकर)* तुम्हें यही सवाल मुझसे करना था?

केदार : रहने दीजिए, मुझसे ग़लती हो गई है।

भारती : मुझे डर था कि तुम मुझसे यही सवाल करोगे और मैं जवाब न दे पाऊँगी।

केदार : भूल जाइए?

भारती : लेकिन अगर तुम मदद करो तो मैं शायद जवाब दे पाऊँ। शायद यह गुनाह का बोझ जो मैं मुद्दत से अपनी आँखों में सँभाले हूँ धुल जाए। शायद तुम्हारी मेहरबानी से गंगाजल हो जाए।

केदार : और मैं तो बालयोगी हूँ। बचपन से कांसा थामे प्यार की भिक्षा माँग रहा हूँ।

भारती : तुम मेरी मदद नहीं कर रहे, तुम मुझे अज़ीयत दे रहे हो।

केदार : मैंने ख़ाली कांसा आपके सामने भी बढ़ाया था। याद होगा आपको।

भारती : तुम नस-नस में काँटे चुभो रहे हो और आज मैं उस नशे से सरशार हूँ—तुम मुझसे बदला ले रहे हो। यह कितनी तसल्ली-बख़्श बात है।

केदार : मैं आपसे बदला नहीं लेना चाहता।

भारती : किसी अवतार की तरह मुझे माफ़ कर दोगे?

केदार : न मैं अवतार हूँ और न ही मैं इंसान रह गया हूँ। मैं तो सिर्फ़ परछाईं हूँ, जो अभी धूप-छाँव में ओझल हो जाएगी।

भारती : तुम बड़े कठोर हो, बड़े संगदिल हो।

केदार : आप दिल से कह रही हैं?

भारती : तुम बहुत मुश्किल सवाल करते हो, बड़े नाज़ुक सवाल करते हो।

केदार : आप किसी बात का जवाब न दीजिए और लौट जाइए।

भारती : लौट जाऊँ! केदार, तुम मुझसे कह रहे हो कि मैं लौट जाऊँ! तुम मुझे इतना हक़ नहीं देते कि मैं तुम्हारी आख़िरी घड़ियों में तुम्हारे पास बैठी रहूँ। केदार, तुमने मुझे माफ़ नहीं किया... केदार, तुमने मुझे माफ़ नहीं किया।

[भारती का गला भर आता है। वह रोने लगती है।]

केदार : सुनिए।

[भारती उसकी तरफ़ देखती है।]

केदार : मेरी पीठ दर्द कर रही है। मेरी जिल्द इस तकिये की गर्मी भी

बर्दाश्त नहीं कर सकती। मुझे सहारा देकर बिठा दीजिए।

[भारती उसे सहारा देती है, अपने कन्धे पर उसका सिर रख देती है।]

केदार : खिड़की से बाहर देखिए।

भारती : हाँ।

केदार : गुलमोहर के पेड़ पर धूप आ गई होगी।

भारती : हाँ।

केदार : मग़रब (पश्चिम) के पहाड़ों पर अब उजाला होगा।

भारती : हाँ।

केदार : आप देखिएगा, थोड़ी देर में चिड़ियों का एक गोल उस पेड़ पर उतरेगा।

भारती : तुम्हें सब याद है?

केदार : सब याद है। अगर मैं ज़ेहनी कमज़ोरी के बाहिस भूल भी जाऊँ तो कुछ चिड़ियाँ खिड़की पर आ जाती हैं। इस पर भी मुझे पता न चले तो एक चिड़ा कमबख़्त तो मेरी गोद में आकर फुदकने लगता है।

[केदार हँसने लगता है—भारती मुस्कराती है।]

भारती : ये सब तुम्हारे दोस्त हैं?

केदार : हाँ, मेरे अज़ीज़ हैं। मेरे आख़िरी वक़्त के साथी हैं।

भारती : अच्छा।

केदार : वो बोगनबिला की बेल देख रही हैं न?

भारती : मैं सब कुछ देख रही हूँ।

केदार : उस पर कबूतरों का जोड़ा आएगा...दूधिया कबूतर।

भारती : अच्छा।

केदार : और तो और एक कौआ भी इस खिड़की पर आकर बैठता है। कमबख़्त कान खा जाता है।

[भारती बेइख़्तियार हँसती है।]

केदार : इतने बेसुरे अन्दाज़ से बोलता है।

भारती : तुम उड़ाते नहीं?

केदार : नहीं। जब वह यहाँ खिड़की पर आकर बैठता है तो मैं हाथ तक को जुम्बिश नहीं देता। शायद उसे नागवार गुज़रे। कौआ

मेरे मुश्किल वक़्त का साथी है।

भारती : वह कैसे?

केदार : मानसून के दिनों में बेइन्तहा बारिश थी। दार्जिलिंग की बारिश तो आप जानती हैं। बाहर बारिश की चादर-सी बन गई थी और मुझे कुछ नज़र न आ रहा था। उस दिन न तो गुलमोहर के पेड़ पर धूप उतरी, न चिड़ियों का गोल आया और न ही कबूतरों का जोड़ा दिखाई दिया। बेचारा यह कौआ भीगा हुआ उस तूफ़ानी बारिश में इसी खिड़की पर पहुँचा और काफ़ी देर बोलता रहा और मेरा जी बहलाता रहा...मेरी आँखों में आँसू आ गए।

[अचानक बाहर चिड़ियों का शोर होता है। कबूतर की आवाज़। कोयल की कू-कू और चिड़ियों का बेतहाशा शोर सुनाई देता है।]

केदार : देखा न आपने...यह सब मुझसे मुख़ातिब हैं...आप ज़रा उठिए... जल्दी उठिए नहीं तो मेरे कान खा जाएँगे। वह देखिए सामने आले में चावल हैं और साथ में बाजरा रखा है। चावल चिड़ियों के आगे फेंकिए और बाजरा कबूतरों के आगे।

[भारती उठती है और तेज़ी से चावल और बाजरा फेंकती है। वह बेइख़्तियार किसी अल्हड़ लड़की की तरह हँसती है। धीरे-धीरे शोर कम हो जाता है।]

भारती : *(वापस आकर हँसते हुए)* और कौआ?

केदार : उसे आने में कुछ देर है। उसका डबल रोटी का टुकड़ा मैंने अपने पास रखा है।

[वक़्फ़ा]

भारती : तुम हमारे जीते जी पंछियों से जी बहलाते रहे?

केदार : मैं आज ज़िन्दगी की ख़ूबसूरत बातों के बारे में सोचना चाहता हूँ।

भारती : तुम अगर जवाब न दोगे तो मैं वापस कैसे लौटूँगी...सफ़र कैसे करूँगी? वह अचानक अगर सवाल कर बैठे तो उनको जवाब क्या दूँगी?

केदार : वह आपसे सवाल नहीं करेंगे।

भारती : उनका रिश्ता तुम भुला नहीं सकते। उनका ख़ून तुम्हारी रगों में है।

केदार : अब तो ख़ून बाक़ी ही नहीं रहा। और अगर चन्द क़तरे हैं तो वह ज़हर बन गए हैं।

भारती : कोई अपने बापू के बारे में इस तरह नहीं कहता।

केदार : आप अपने पति की हिमायत कर रही हैं?

भारती : हमें बताया गया है कि पति हमारा भगवान होता है।

केदार : और आपने फ़िकरा याद कर लिया है?

भारती : यह फ़िकरा भूलने पर भी नहीं भुलाया जा सकता।

केदार : भूलने को कौन कहता है?

भारती : तुम अगर नहीं कहते तो हम कभी ज़रूर चाहते हैं। हम जो अपने बाबुल के आँगन के गाय-बैल हैं—अपने घर के लिए एक क़र्ज़ हैं। बाबुल हमारा हमसे प्यार करता है तो आँखों से आँसू छलक आते हैं।

केदार : मुझे आप से हमदर्दी है।

भारती : बड़ा अच्छा फ़िकरा कहा तुमने।

केदार : एक बात पूछूँ?

भारती : कोई ऐसी बात न पूछना कि जवाब न दे सकूँ।

केदार : आपने मेरे बापू के साथ शादी करके कितना सुख पाया है?

भारती : यह सवाल आज पूछते हो?

केदार : पहले मौक़ा कहाँ मिला?

भारती : झूठ कहते हो।

केदार : मरने वाला आदमी क्या झूठ कहेगा!

भारती : क्या तुम्हें एहसास नहीं था?

केदार : शायद!

भारती : हाय, तुम्हें एहसास नहीं था।

केदार : आपने जवाब नहीं दिया?

भारती : कि मुझे कितना सुख मिला है तुम्हारे बापू से?

केदार : हाँ।

भारती : जितना एक पत्नी को एक पति से मिलता है।

केदार : बस?

भारती : हाँ बस! सिर्फ़ इतना! जितना कि एक पत्नी को एक पति से मिलता है। तुम मुझसे बड़े नाज़ुक सवाल करते हो केदार—तुम ख़ला की बात करते हो, सर्दियों की ठिठुरी हुई रात की बात

करते हो, भूली-बिसरी यादों की बात करते हो और मेरी तनहाई की बात करते हो।

[वक़्फ़ा]

केदार : मैं बैठे-बैठे थक गया हूँ।

भारती : मैं सहारा दूँ।

केदार : सहारा देकर उठा दीजिए।

भारती : कहाँ जाओगे?

केदार : ऐसी हालत में कहाँ जाऊँगा।

भारती : लेटे रहो।

केदार : नहीं, उस कुर्सी पर बैठूँगा।

भारती : नहीं बैठा जाएगा।

केदार : मुझे सहारा दीजिए!

[भारती उसे सहारा देती है और वह अपना पूरा बोझ भारती पर डाल देता है। वह कुर्सी पर बैठा देती है। सिर के नीचे एक तकिया रखती है। वह आँखें मूँदे बेसुध पड़ा है।]

भारती : जब तुम्हारे बापू दूसरी शादी कर रहे थे तो तुमने मना नहीं किया?

केदार : नहीं।

भारती : क्यों?

केदार : एक दिन आपके मामा आए थे। उसके बाद बापू ने इरादा किया। मुझे ये बात मौसी ने बताई जो कुछ दिनों के लिए हमारे यहाँ आई हुई थीं। वैसे मेरे बारे में कोई न सोचता था। सुना है माँ भी टीबी की मरीज़ थीं। यह मर्ज़ मुझे माँ से ही मिला था।

भारती : दूसरी माँ मिली तो उसने घर से निकाल दिया।

केदार : लेकिन मुझे शिकायत दोनों से नहीं है।

भारती : तो तुम अपने बापू की दूसरी शादी के लिए रज़ामंद हो गए?

केदार : मैंने कुछ न कहा। हाँ, कुछ रिश्तेदार ज़रूर आए। मौसी भी चिल्लाती रहीं कि उनकी बहन को उस घर में कोई सुख नहीं मिला। अभी चिता ठंडी नहीं हुई और बापू दूसरी शादी कर रहे हैं। और मैं अपने कमरे में पड़ा सुनता रहा। अपनी माँ की वही नज़र याद करता रहा और रोता रहा। एक दिन बापू मौसी पर भी बिगड़ पड़े कि मेरी माँ ने उन्हें दिया क्या है?

तवील-बीमारी—हज़ारों रुपयों का ख़र्च। ख़ुद चल बसी और एक बीमार बच्चा छोड़ गई। जो न काम का, न काज का।

भारती : और रही-सही क़सर मैंने पूरी कर दी।

केदार : आपने जानबूझकर तो कुछ नहीं किया।

भारती : हाय, मैं दर्द की मारी थी, किया भी तो क्या किया?

केदार : आज मुझे अपनी ज़िन्दगी की सबसे ख़ूबसूरत बात सुनाइए।

भारती : क्या?

केदार : कोई सुन्दर-सी घटना, कोई ऐसी बात कि मेरा दिल हल्का हो सके।

भारती : वाक़ई?

केदार : हाँ, मैं मरने से पहले कोई ऐसी बात आपसे सुनना चाहता हूँ।

भारती : क्या करोगे?

केदार : मेरा जी हल्का होगा।

भारती : सिर्फ़ इसलिए?

केदार : और शायद ये बात मेरी ज़िन्दगी के आख़िरी लम्हात का सरमाया हो।

भारती : तुम मुझ पर ज़िम्मेदारी डाल रहे हो।

केदार : *(मुस्कराकर)* हाँ।

भारती : और अगर मैं ऐसी बात न सुना सकी, तो?

केदार : तो दुख आपको होगा!

भारती : तुम बड़े निष्ठुर हो।

केदार : *(मुस्कराकर)* बहुत ही निष्ठुर।

भारती : मुझे फ़ौरन सुनानी पड़ेगी या कुछ मोहलत मिलेगी?

केदार : सिर्फ़ इतनी मोहलत...

भारती : कितनी?

केदार : कि मेरी मौत से पहले सुना दीजिएगा।

भारती : अब मैं आ गई हूँ। अब मैं तुम्हें मरने नहीं दूँगी।

केदार : शायद मेरी मौत इसीलिए नहीं हुई कि आप आ रही थीं।

भारती : तुम्हें यक़ीन है?

केदार : मुझे एहसास है।

भारती : तुम मुझे सोचने का मौक़ा नहीं दोगे?

केदार : मैं ख़ामोश बैठा हूँ।

भारती : नहीं, तुम बातें करते रहो।

केदार : अगर मैं बोलता रहा तो बहुत जल्द थक जाऊँगा और हो सकता

है जो मुझे ज़रूरी कहना हो मैं कह न पाऊँ।

भारती : अच्छा, मैं सुनाती हूँ।

केदार : सुनाइए।

भारती : क्या सुनाऊँ?

केदार : और नहीं तो कोई लतीफ़ा सुना दीजिए।

भारती : तुम मुझसे मज़ाक़ कर रहे हो?

केदार : लीजिए मैं बिलकुल ख़ामोश हो गया।

भारती : मुझे एक बात याद आ रही है।

केदार : सुनाइए।

भारती : लेकिन मुझे क्या मालूम कि ये ख़ूबसूरत हो या न हो।

केदार : आप सुनाइए तो सही।

भारती : और अगर तुम्हारी कसौटी पर खरी न उतरी तो।

केदार : आपको वह बात पसन्द है?

भारती : बहुत पसन्द है।

केदार : तो फिर सुना दीजिए।

[वक़्फ़ा]

भारती : केदार।

केदार : जी।

भारती : ऐसा क्यों होता है?

केदार : कह दीजिए।

भारती : कभी कोई बात बहार की सुबह के एक झोंके की तरह ज़ेहन से गुज़र जाती है।

केदार : हाँ।

भारती : और वह कभी नहीं भूलती, न कभी भुलाई जा सकती है।

केदार : वही तो दिल का सरमाया होता है।

भारती : हाँ, वही दिल का सरमाया होता है।

केदार : आप खो गई हैं?

भारती : मैं बिलकुल खो गई हूँ। मेरी याद एक तस्वीर की तरह मेरे सामने मुस्करा रही है।

केदार : मैं इन्तज़ार कर रहा हूँ।

भारती : मैं सखियों के साथ गेंद उछाल रही थी। वह गर्मियों की एक शाम थी। इतने में चंचल भागती हुई आई। उसने बारी-बारी सबके कान में कुछ कहा और फिर सब की सब बेइख़्तियार हँसने लगीं। मैं

पूछती रही और वह हँसती रही। यहाँ तक कि मेरे आँसू निकल पड़े। तब उन्होंने बताया कि मेरी मँगनी हो गई है। उस वक़्त मैं काँप गई—ज़रा सा अपने आप को सँभाला और अपने होने वाले पति के बारे में ख़्वाब देखने लगी, केदार, वह चेहरा तुम्हारा था।

[वक़्फ़ा]

केदार : आपको ऐसी बातें नहीं कहनी चाहिए।

भारती : और जब मैं तुम्हारे आँगन में आई तो खाट पर तुम्हें लेटे हुए पाया—तुम बीमार थे और तुम्हें मेरी ज़रूरत थी।

केदार : भूल जाइए।

भारती : केदार, तुम्हारे बापू उम्र के लिहाज़ से मेरे बाप के बराबर हैं।

केदार : वह आपके पति हैं।

भारती : हाय इस देश में पति 'प्रेमी' नहीं होता।

केदार : (साँस लेकर) क्या फ़ायदा फ़िक्रे कमोबेश से होगा।

भारती : हम जब भी अपने बारे में सोचते हैं तो रवायतों का ख़याल आता है—बंधनों का ख़याल आता है...पिंजरों का ख़याल आता है।

केदार : हाँ।

भारती : और इस देश में प्रेमी को आप किसी रूप में नहीं पा सकते।

केदार : किसी ने कोशिश की है?

भारती : ज़ख़्मों पर नमक न छिड़को केदार।

केदार : ज़ख़्म भुलाए भी कहाँ जा सकते हैं। उनकी महक न ज़िन्दा रहने देती है न मरने देती है।

भारती : तुम भी यही कहते हो केदार।

केदार : हाँ, मैं भी यही सोचता हूँ।

भारती : और मैं गुनाह का बोझ मुद्दत से अपनी आँखों में सँभाले तुम्हारे पास आई हूँ।

केदार : और आदमी अवतार नहीं होता...देवता नहीं होता।

भारती : तुम मुझ पे मेहरबानी नहीं करोगे?

केदार : आपने मुझ पर कब मेहरबानी की थी?

भारती : अब बदला ले रहे हो?

केदार : आप यही समझती हैं?

भारती : और मैं अगर भीख माँगूँ तो?

केदार : मेरे पास है क्या जो मैं आपकी झोली में डालूँगा।

भारती : तुम अब तक नहीं भूले?

केदार : अब तो हर वाक़िया दोहराया जा रहा है। मेरी आँखों के सामने हर चीज़ ज़िन्दा जावेद हो रही है।

भारती : और तुम मुझे माफ़ नहीं कर सकते?

केदार : इतना बता दीजिए कि आपने किस गुनाह की सज़ा मुझको दी?

भारती : सुनोगे?

केदार : हाँ।

भारती : नागवार नहीं गुज़रेगा?

केदार : बिलकुल नहीं।

भारती : और बर्दाश्त भी कर लोगे?

केदार : अगर न भी कर सका तो मर जाऊँगा और यही मेरी क़िस्मत है।

भारती : तो फिर न सुनो, शायद चन्द घड़ियाँ ज़्यादा जी सको।

केदार : सुना दीजिए ताकि मरने की ये घड़ियाँ आसान हो जाएँ।

भारती : केदार, मुझे डर है तुम्हें फिर न खो दूँ।

केदार : पहले मुझे पा लीजिए।

भारती : इसीलिए यहाँ आई हूँ। तुम्हारे बापू से कहकर आई हूँ। हो सकता है कि हमारा रिश्ता टूट गया हो और यह भी हो सकता है कि इसी ख़ातिर हममें एक रिश्ता जन्म ले ले।

केदार : मुझे तो यही याद है कि मैं ज़िन्दगी भर प्यासा रहा।

भारती : केदार, मुझे यही डर है कि तुम बर्दाश्त नहीं कर पाओगे।

केदार : कह दीजिए।

भारती : केदार...केदार...तुमने मेरी ममता को ठुकराया है। तुमने केदार मुझे बाँझ रखा है। मैं माँ होकर बाँझ रही। मैं बाँझ हूँ। मैं सब कुछ लुटा चुकी थी सिर्फ़ ममता बाक़ी थी और जब मैं तुम्हारे पास आई तो तुमने मेरी ममता को हेच समझा...और मैंने कहा—हाँ, मुझे याद है, तुम्हारे बापू से मैंने कहा कि निकाल दो इसे...यह कुत्ता है, बीमार कुत्ता। मैंने यह भी कहा कि यह हमारे घर में क्यों रहता है। यह मुझे अजीब नज़रों से क्यों देखता है। और तुम्हारे बापू ने तुम्हें उठा-उठाकर पटका। और उसके बाद घर से बाहर कर दिया...हाय तुमने अपना घर छोड़ दिया। मैंने भी अपना घर छोड़ दिया। मैं भी तुम्हारे साथ-साथ भटकती रही...देखो—देखो मेरे बदन पर अब भी लासें पड़ी हैं। तुम देख लोगे। जो लासें तुम पर पड़ी थीं, वह शायद मिट चुकी हो। लेकिन मेरे बदन पर उसी तरह पड़ी हैं...एक माँ

के लिए और सख़्त सज़ा क्या होगी? केदार, कि वह बाँझ हो जाए। *(रो पड़ती है।)*

केदार : सुनिए!

[वह देखती है।]

केदार : मेरे पास आइए।

[वह उसके पास जाती है।]

केदार : और उस बेटे की क़िस्मत भी क्या होगी जो ममता को ठुकरा दे।

भारती : अगर तुम उस वक़्त मेरी मदद करते तो मैं तुम्हें मरने न देती।

केदार : और मैं जितनी घड़ियाँ जीता आपके प्यार के साये में जीता और आज मैं सोचता हूँ कि मैं भी कितना तंग नज़र रहा।

भारती : ना!

केदार : बीमारी ने मुझे ख़ुदग़र्ज़ बना दिया था...मशकूक और कमज़र्फ़।

भारती : हम दोनों बदक़िस्मत थे।

केदार : और आज मैं सोचता हूँ कि मैंने ख़ुद तो ज़ुल्म सहा, लेकिन आप पर किस क़दर सितम किया।

भारती : माँ की यही क़िस्मत है।

केदार : लेकिन मैं क्या करता! आप इस क़दर सुन्दर थीं...जवान थीं... और मैं बेहद डरता था।

भारती : मुझे याद है।

केदार : जब कभी आप मेरे पास आकर बैठ जातीं तो मैं काँप जाता!

भारती : मैं भी नासमझ थी और शायद ख़ुद तय न कर पाती थी।

केदार : और मैं बापू से बेहद डरता था।

भारती : उनकी सबसे बड़ी परेशानी यह थी कि तुम दिन भर घर पर रहते थे और वह ग़ैर-हाज़िर रहते थे और तुम्हारी मौजूदगी से घर में ख़ुशबू बसी रहती थी।

केदार : मैंने कहा कि अगर मैं रिश्ता कहीं भूल गया...

भारती : शायद मैं ही गुनहगार थी, शायद मैं ही बेकाबू हो जाती थी।

केदार : और मैं भी ममता को न पा सका। हाय मैं कितना बदक़िस्मत रहा।

[वह रो पड़ता है। भारती उसका सिर सहलाती है। खड़ी हो जाती है।]

भारती : तुम्हारी तस्वीर वहीं रखी है केदार। तुम्हारा बिस्तर भी वैसे ही उसी जगह पड़ा है। मैं रोज़ चादर बदल देती हूँ। तुम्हारे तकिये का ग़िलाफ़ बदल देती हूँ। तुम्हारे बापू रोज़ मुझे देखते हैं। तुम्हारे बापू कितने बदल गए हैं। बिलकुल मोम हो गए हैं। उन्हें यह भी अफ़सोस है कि उन्होंने दूसरी शादी की। एक दिन... एक दिन तो वह मेरी गोद में रो पड़े कि मेरी शादी उनसे न होकर तुमसे होती...वह मेरी गोद में बड़ी देर तक रोते रहे। मैंने उनका माथा चूमा और कहा, 'आप मेरे सुहाग हैं।' जब मैं तुम्हारा बिस्तर ठीक करती हूँ तो वह देखते रहते हैं और अकसर उनकी आँखों में आँसू आ जाते हैं।

केदार : काश मैं बापू को कोई तसल्ली दे सकता।

भारती : काश वह भी मेरी तरह तुम्हें पा लेते।

केदार : आज मैं ख़ुश भी हूँ, उदास भी हूँ। मैं अपने लिए ख़ुश हूँ, बापू के लिए उदास हूँ।

भारती : मैं तुम्हारे लिए ख़ुश हूँ और अपने लिए ख़ुश हूँ। शायद यही एक लम्हा है कि मैं ख़ुश हूँ या शायद एक मौक़ा और था।

केदार : कौन-सा?

भारती : तुम्हें याद है...एक दिन मैंने तुमसे कहा था कि मुझे बाहर ले चलो। मेरी शादी के कुछ ही महीने हुए थे, तुम्हारी तबीयत भी कुछ अच्छी थी और तुम मेरी फ़रमाइश पर मुस्करा दिए थे।

केदार : आपको अभी तक याद है?

भारती : हाँ, अच्छी तरह याद है।

केदार : उस दिन मैं शरारत के मूड में था।

भारती : *(मुस्कराकर)* और तुम मुझे चिड़ियाघर ले गए थे।

[केदार ज़ोर-ज़ोर से हँसता है।]

केदार : और आपने भी तो मुझे लंगूर दिखाया था और फिर चने लेकर दिए थे।

भारती : और तुमने मुझे एक आने की आइसक्रीम लेकर दी थी और फिर बच्चों का पार्क दिखाया था।

केदार : उफ़, मैं कितनी देर तक हँसता रहा।

भारती : मुझे भी तुम्हारी वह शरारत बहुत अच्छी लगी थी।

केदार : फिर हम खो गए थे। बंधनों और रवायतों से दूर। किसी सपने में किसी जंगल में। पंछियों और जानवरों की दुनिया में घूमते

रहे...यहाँ तक कि शाम हो गई।

भारती : और जब हम घर लौटे तो दोनों काँप रहे थे—जैसे हमने कोई पाप किया हो।

[वक़्फ़ा]

[हवा तेज़ हो जाती है। दरवाज़ों और खिड़कियों के परदे लहराने लगते हैं। अँधेरा भी बढ़ जाता है। अजीब तरह की मौसीक़ी सुनाई देती है। जैसे यादों के ताने-बाने टूट रहे हों।]

केदार : अँधेरा कुछ बढ़ रहा है।

भारती : कोई ख़ास नहीं।

केदार : मुझे अजीब तरह का ख़ौफ़ महसूस हो रहा है।

भारती : किस बात का ख़ौफ़?

केदार : जैसे दिल धड़कना बन्द कर देगा। जैसे मैं आपको न देख सकूँगा।

भारती : मैं तुम्हारे पास हूँ।

केदार : मैं मर तो नहीं रहा?

भारती : तुम मुझे देख रहे हो।

केदार : क्या करूँ, मौत का एहसास हमेशा मुझ पर तारी रहता है।

भारती : अब ज़िन्दगी के बारे में सोचो।

केदार : ज़िन्दगी के बारे में कैसे सोचूँ। उस जिस्म में क्या रखा है। ग़िज़ा खाता हूँ तो ज़हर बनता है।

भारती : कुछ और सोचो।

केदार : कभी-कभी तो मैं मौत के एहसास से दिल बहलाया करता हूँ।

भारती : ऐसा क्यों करते हो?

केदार : क्या करूँ? अकेला होता—तो सोचने लगता। जन्नत की बातें, जहन्नुम की बातें। फ़रिश्ते और परियाँ।

भारती : बुरा करते हो।

केदार : मौत जैसे क़ौसे क़ज़ा के सात रंग। एहसास जैसे नींद आ जाए। जैसे आदमी शराब से मदहोश हो जाए और उठे तो यह दुनिया न हो। दुनिया की यह लानतें न हों, यह बीमार जिस्म न हो।

भारती : तुम होश में नहीं हो।

केदार : अँधेरा...गहरा अँधेरा! रेशमी लम्स, अतलस-ओ-कमख़्वाब का

मस और दिल जैसे धड़कना भूल जाए। न दवा की ज़रूरत, न दारू की हाजत! न किसी के इन्तज़ार का ग़म और न किसी जाने वाले से गिला!

भारती : तुम ख़्वाब देख रहे हो क्या?

केदार : न ग़ु...स्सा...न ग़म...न सवाब, न गुनाह...न शिकवा...न गिला...न ख़्वाहिश, न हसरत...आदमी मर कर आज़ाद हो जाता है।

भारती : केदार...केदार...मेरी तरफ़ देखो। मुझसे बात करो। मुझसे गिला-शिकवा करो। केदार...और अब जबकि मैंने तुम्हें पा लिया है और जबकि मैं सारे ग़म भुला बैठी हूँ। केदार...मुझ पर रहम करो।

केदार : लेकिन आज मैं मरना नहीं चाहता। अपने इस कमज़ोर जिस्म के साथ भी कुछ दिन और जीना चाहता हूँ।

भारती : कुछ और सोचो।

केदार : मैं जानता हूँ...जन्नत-जहन्नुम बहलावे का सामान है, मैं मर जाऊँगा तो मेरा ज़िक्र तक न होगा।

भारती : जब तक मैं ज़िन्दा हूँ तुम्हारा ज़िक्र होगा।

केदार : हाय, इस दुनिया को छोड़ना किस क़दर मुश्किल है। हाय—यह दुनिया किस क़दर ख़ूबसूरत है। यह चाँद-तारे, यह धूप, यह महक और यह हवाएँ। दोस्तों की बातें और ग़ैरों के क़िस्से... यह चरिंद-परिंद...और आज जबकि मैंने ममता पा ली है।

[वक़्फ़ा]

केदार : आज वह कौआ नहीं आया न?

भारती : सुनो केदार, मेरी तरफ़ देखो—मैंने तुम्हें पा लिया है। मैं अब बाँझ नहीं रही। मैं अब माँ हूँ। केदार, मैं अब बाँझ नहीं रही। सुनते हो? ज़रूर सुन लो...मेरी ख़ातिर ज़रूर सुन लो.. मैं अब बाँझ नहीं रही...।

[केदार मर रहा है। शायद मर चुका है। केदार मर चुका है। भारती दहाड़ें मारकर रो रही है। एक माँ की तरह, जिसमें एक कौवे की 'काँव-काँव' की आवाज़ भी सुनाई दे रही है।]

[परदा गिरता है।]

सपने की तारीक गली में

पात्र

नन्दलाल
रुकमनी
पहला आदमी
दूसरा आदमी
और दो गंजे आदमी।

[उस दिन के बाद नन्दलाल की रगें फड़कती रहती हैं। नसें सूज गई हैं। पलकें भारी हो गई हैं और आँखों पर झुकी पड़ती हैं।

लोग कहते हैं कि ये दुर्घटना है। नन्दलाल की पत्नी रुकमनी भी यही कहती है। वो दिल-ओ-जान से चाहती है कि नन्दलाल दुर्घटना को भूल जाए और मस्तिष्क पर से उसके भाव तक धो डाले।

नन्दलाल जब होश में रहता है तो वो दुर्घटना ही समझता है लेकिन उस दिन के बाद नन्दलाल होश में नहीं रहता। वो बैठे-बैठे खो जाता है, पत्नी के साथ बातचीत करते हुए अलग हो जाता है और तन्हा हो जाता है और उस वक़्त वो उस दुर्घटना को जुर्म समझता है जो उससे हुआ है।

उसे बड़ा अजीब-सा संगीत सुनाई देता है, जैसे उसका मस्तिष्क चीख़ रहा हो, जैसे उसके ख़यालात उसकी गिरफ़्त में न हों और उससे कई सवाल कर रहे हों। वो सपने की तारीक गली में खो जाता है और कई परछाइयाँ उभरती हैं, मौसीक़ी चीख़ती रहती है। शंख की आवाज़ें,

पुराने क़िस्म के बाजों की आवाज़ें। नन्दलाल रो पड़ता है। परछाइयाँ अजीब तिलमिलाहट के बाद इंसानों के रूप अख़्तियार कर लेती हैं। उसी कमरे में उसकी ख़स्ता चाल के ख़स्ता कमरे में वो आदमी उसे घूरने लगते हैं। पहला आदमी बड़ा सेहतमंद है। सिगरेट के कश पर कश लगाता है। बार-बार पसीना पोंछता है। ऊँची और भारी आवाज़ में शब्दों के पत्थर फेंकता है। नन्दलाल ने जो समाज के बारे में, ग़लत-सही के बारे में सुन रखा है वो वही सवाल उससे करता है। उसके हाथ में एक फ़ाइल है। वो बार-बार फ़ाइल का सहारा लेता है।

दूसरा आदमी दुबला-पतला है। ज़रा कम ही बोलता है लेकिन रहम करना नहीं जानता। वो कमरे में दीवार के साथ खड़ा है।

दो आदमी बिस्तर पर बैठे नज़र आते हैं। दोनों की शक्लें लगभग एक जैसी हैं। सूरत से मथुरा के पांडे लगते हैं। वो साथ में हँसते हैं। एक साथ एक तरह का मुँह बनाते हैं। एक साथ हैरान होते हैं। एक साथ परेशान होते हैं। उनकी आवाज़ नहीं आती सिर्फ़ बुदबुदाते दिखाई देते हैं।

लेकिन ये सब परछाइयाँ हैं। हक़ीक़त नन्दलाल ख़ुद है। हक़ीक़त उसकी पत्नी रुकमनी है। हक़ीक़त वो दुर्घटना है जो उस दिन घट चुकी है।

चूँकि नन्दलाल दयानतदार है। उनके हर सवाल का जवाब देता है।

परदा उठने से पहले उसी तरह का संगीत है, जो वो पिछले कुछ दिनों से सुन रहा है। परदा खुलने के बाद धीरे-धीरे परछाइयाँ आदमियों की शक्ल इख़्तियार करती हैं और पहला आदमी फ़ौरन उससे सवाल कर बैठता है। परदा खुलने से पहले संगीत में नंदलाल की सिसकियाँ भी सुनाई देती हैं।]

पहला आदमी : तो तुम जुर्म का इक़बाल नहीं करोगे?

नन्दलाल : मैं बेकसूर हूँ।

[फिर बड़े आत्मविश्वास से सम्बोधित होता है।]

पहला आदमी : तुम इस मुल्क के शहरी हो। यहीं के हवा, पानी औऱ मिट्टी से तुम्हारा जिस्म बना है।

नन्दलाल : जी हाँ।

पहला आदमी : यहीं का तुम अनाज खाते हो?

नन्दलाल : जी हाँ, काम करता हूँ और खाता हूँ।

दूसरा आदमी : काम तुम्हें कौन देता है?

नन्दलाल : बड़ी मुश्किल से ढूँढा है।

पहला आदमी : तुम्हारे हर जवाब से नाफ़रमानी झलकती है। तुम एक नाशुक्रे हो और नमक हराम हो।

नन्दलाल : शायद आप ठीक कहते हैं। लेकिन मैंने आज तक किसी को धोखा नहीं दिया।

दूसरा आदमी : हर गुनहगार और मुजरिम यही कहता है।

नन्दलाल : मैं सच कहता हूँ। मैंने किसी के रुपये नहीं दबाए। कभी क़र्ज़ लिया है तो लौटा दिया है। जहाँ तक हो सका है भाई-बंद की मदद की है।

पहला आदमी : तुमने क़र्ज़ नहीं चुकाया।

नन्दलाल : किसका?

पहला आदमी : समाज का। जिसके सहारे तुम ज़िन्दा हो। जिसने तुम्हें धर्म बख़्शा है। सोचने का ढंग बख़्शा है। जिसने तुम्हें ज़बान सिखाई है।

नन्दलाल : मैं समझा नहीं।

पहला आदमी : क्या तुम समाज से अलग रह सकते हो?

नन्दलाल : जी नहीं। आदमी चाहता है कि उसके दुख-सुख में कोई शरीक हो। क़दम-क़दम पर उसे अपने-पराए आदमियों की ज़रूरत पड़ती है। संसार तो काँटों का घर है। भाई-बन्धुओं के बग़ैर धर्म-कर्म के बग़ैर ज़िन्दा रहना मुश्किल है।

पहला आदमी : तो क्या ये तुम्हारा फ़र्ज़ नहीं कि समाज के उसूलों पर फूल चढ़ाओ। अपने फ़र्ज़ को अच्छी तरह निभाओ। अपना काम दयानतदारी, ईमानदारी से करते हुए उसमें ख़ुशी महसूस करो।

दूसरा आदमी : तुमने अपने काम में कभी ख़ुशी महसूस नहीं की।

नन्दलाल : मेरा काम बहुत अच्छा नहीं है। मार्केट से जब ठेला अपने बाज़ार तक ले जाता हूँ तो जिस्म पसीने से तर हो जाता है। साँस उखड़ जाती है। बन्द-बन्द दर्द करने लगता है। फिर भी

मैं पिछले सात सालों से ठेला लाता रहा हूँ। धूप में, बारिश में, सर्दी में, गर्मी में, बीमारी की हालत में, मैंने कभी चूँ नहीं की। सारा-सारा दिन खड़ा रहकर सामान बेचता रहा हूँ। बारिश के दिनों में कभी-कभी मैं जानता था कि चार आने का सौदा न बेच सकूँगा? मूसलाधार बारिश में कोई गाहक नहीं आएगा लेकिन फिर भी जाता था कि अगर चार आने का सौदा न बिका तो तीन आने का बिक जाएगा। दो पैसे अपने बच्चों के लिए ले आऊँगा।

पहला आदमी : ये कहानी तुम सबको कह चुके हो। तुम ये अपनी बीवी से दस मर्तबा रोज़ कहते हो। छोटे-छोटे बच्चों को ये कहानी याद हो गई है। उनके दिमाग़ में तुमने ऐसा ख़ौफ़ बिठा दिया है कि वो रोटी का निवाला तोड़ते हैं तो समझते हैं कि उन्होंने पाप किया है। वो हँसना भूल गए हैं। उनकी सूरतों से नहूसत टपकती है। फटे हुए चीथड़े पहनाकर भी तुम उन्हें बताते रहे हो कि ये भी बड़ी मुश्किल से मिला है। दाल का पतला शोरबा और घटिया चावल उनके पेट में डालकर भी तुम अपनी मेहनत के बखान करते रहे हो।

नन्दलाल : लेकिन ये कहानी सच्ची है। हर्फ़-ब-हर्फ़ सच्ची है। ये मेरी अपनी कहानी है। और मेरा सारा जीवन यही एक कहानी है। सदियों पहले अच्छे दिन देखे थे। थोड़ा-सा सुख मिला था लेकिन मैं सुख का स्वाद भूल सा गया हूँ।

दूसरा आदमी : तुम शहीद बनने की नाकाम कोशिश करते हो।

नन्दलाल : लेकिन मैं शहीद हूँ।

दूसरा आदमी : यही तुम्हारा जुर्म है।

नन्दलाल : ये जुर्म कैसे है?

दूसरा आदमी : इसलिए है क्योंकि तुमने अपने साथ दस आदमियों को नर्क में रख रखा है। तुम्हारा घर सड़ी हुई पुरानी ख़स्ता चाल में है। जहाँ साथ में गटर बहता है। तुम्हारे बच्चे घटिया स्कूलों में पढ़ते हैं। जहाँ के टीचरों को तनख़्वाहें नहीं मिलतीं। तुम्हारे कमरे में खटमलों, मच्छरों की भरमार है। कमरा इतना तारीक है कि हवा का एक झोंका दाख़िल नहीं हो सकता। सूरज की एक किरण नहीं गुज़र सकती।

नन्दलाल : मैं ज़िन्दगी भर कोशिश करता रहा हूँ कि घर बदल दूँ।

दूसरा आदमी : बदल न सके।

नन्दलाल : मैं ज़िन्दगी भर कोशिश करता रहा हूँ कि बच्चों को अच्छे स्कूल में दाख़िल करवाऊँ।

दूसरा आदमी : लेकिन कामयाब न हो सके।

पहला आदमी : इस पर भी तुम शहीद बनने का ढोंग करते हो। समाज तुमसे उम्मीद रखता है कि अपने बच्चों को अच्छा शहरी बनाओ। बच्चे सेहतमंद हों। उनकी अच्छी परवरिश करो। अच्छे स्कूलों और कॉलेजों में तालीम पाएँ, क्योंकि यही बच्चे हमारा भविष्य हैं। उन्होंने ही कल की बागडोर सँभालनी है। हमारा मुल्क आज़ाद हो गया है। और हमारे फ़रायज़ अब बढ़ गए हैं। और तुमने हर जगह कोताही बरती है। क्या तुम यक़ीन के साथ कह सकते हो कि तुम्हारा कोई बच्चा बड़ा आदमी बन सकता है?

नन्दलाल : जी नहीं।

दूसरा आदमी : चोर-लफंगा और डाकू तो बन सकता है।

नन्दलाल : बड़े आदमी तो सिर्फ़ अमीरों के बच्चे बनते हैं। ग़रीबों के बच्चे कहाँ बड़े आदमी बन सकते हैं?

पहला आदमी : तुम कई ग़लत-फ़हमियों का शिकार हो। दुनिया में हज़ारों बड़े आदमी बहुत ग़रीब थे। इब्राहिम लिंकन का नाम तो तुमने सुना होगा।

नन्दलाल : जी नहीं। मैं चार जमायतें पढ़ा हूँ।

पहला आदमी : बस, ख़ुद भी जाहिल। तुम इस मुल्क के बदतर शहरी हो। तुम्हें जीने का कोई हक़ नहीं। तुम बाप के फ़रायज़ भी अंजाम नहीं दे सके।

नन्दलाल : लेकिन मैं एक नहीं। मेरी चाल के सब आदमी इसी हालत में हैं। कई बच्चे तो चीथड़े भी नहीं पहन सकते। कई बच्चों को दाल का शोरबा और सस्ते चावल भी नसीब नहीं।

पहला आदमी : इसीलिए तो हमारा मुल्क तरक़्क़ी नहीं कर सकता। जब तक तुम जैसे काहिल, निकम्मे, गद्दार आदमी यहाँ रहेंगे, ये मुल्क आगे कैसे बढ़ेगा।

नन्दलाल : मैं बहुत शर्मिन्दा हूँ।

दूसरा आदमी : शर्मिन्दगी से क्या होता है।

नन्दलाल : तो मैं क्या कर सकता हूँ। हमारे जैसे ग़रीब आदमियों के हाथों में क्या है। मैं बड़ा आदमी होता तो ग़रीबी दूर करता, ज्ञान की जोत जलाता।

दूसरा आदमी : सपने मत देखो।

नन्दलाल : सपने नहीं देखता। समझ कहाँ है। सारा दिन ठेले के पास खड़ा रहकर टाँगें थक जाती हैं। जैसे लकड़ी की बनी हों।

पहला आदमी : तुम्हारे बच्चे कितने हैं?

नन्दलाल : पाँच।

पहला आदमी : शादी हुए कितने साल हो गए हैं?

नन्दलाल : बीस साल।

दूसरा आदमी : जब तुम बच्चों की परवरिश नहीं कर सकते तो इतने बच्चे पैदा क्यों किए हैं?

नन्दलाल : पहले दिन इतने बुरे नहीं थे। छोटी-मोटी दुकान थी। पार्टीशन में सब कुछ वहीं रह गया था। फिर मुझे मालूम नहीं था कि इस देश में बच्चे पैदा करना पाप है। मैं जहाँ ठेला रखता हूँ वहाँ एक मद्रासी बाबू हैं। उनके भी पाँच बच्चे हैं। लेकिन वो साफ़-सुथरे रहते हैं। बस में स्कूल जाते हैं। एक और सरदार जी हैं। उनके सात बच्चे हैं, लेकिन बड़े ख़ूबसूरत हैं। सरदार जी रोज़ दो-चार रुपये के फल ख़रीद कर ले जाते हैं।

दूसरा आदमी : अपना मुक़ाबला उनके साथ करते हो?

नन्दलाल : मुक़ाबला कौन मूर्ख करता है। वो राजा हैं, हम प्रजा हैं। हमारा-उनका क्या मुक़ाबला...

पहला आदमी : ये कितने दिनों से बच्चों को मारपीट रहा है।

[वो कोने में देखता है। रुकमनी फ़ेड इन होती है।]

रुकमनी : बहुत साल हो गए हैं। दिन-ब-दिन इनकी तबीयत चिड़चिड़ी होती चली गई...

पहला आदमी : कितने सालों से तुम यहाँ हो?

रुकमनी : दस साल हो गए हैं।

पहला आदमी : तुम्हारा मायका कहाँ है?

रुकमनी : जालंधर में।

पहला आदमी : इन दस सालों में तुम कितनी बार मायके गई हो?

रुकमनी : एक बार भी नहीं।

पहला आदमी : वो लोग तुम्हें कभी मिलने आए हैं?

रुकमनी : नहीं।

पहला आदमी : मायके में कौन-कौन हैं?

रुकमनी : सब हैं। माता-पिता, भाई-बहन...

पहला आदमी : वो लोग तुम्हें याद नहीं आते? तुम्हारी माँ, जिसने तुम्हें जन्मा है,

जिसने तुम्हें पाला है? तुम्हारे माता-पिता—जिन्होंने लाड़-प्यार तुम पर न्योछावर किया है? तुम्हारे भाई-बंद, जिनके साथ तुम लड़ा-झगड़ा करती थीं—

रुकमनी : बहुत याद आते हैं। मुझे जब छींक आती है तो मैं सोचती हूँ मुझे माँ ने याद किया होगा। बाबू जी ने याद किया होगा। जब कौआ छत पर बोलता है तो सोचती हूँ कि भैया की चिट्ठी आएगी। शुरू-शुरू में ख़त-पत्र आते थे। अब साल-साल बीत जाता है और कोई ख़त नहीं आता। कभी-कभी डर लगता है कि मैं उनकी शक्ल न भूल जाऊँ। मेरा भैया आएगा तो मैं उसे पहचान न सकूँगी और वो पलट जाएगा।

पहला आदमी : इसने तुम्हें कभी भेजने का नहीं सोचा?

रुकमनी : हमें मौक़ा नहीं मिला।

दूसरा आदमी : ज़िक्र तक नहीं किया?

रुकमनी : घर में एक न एक बिपदा रहती है। दोनों को सोचते हुए समय बीत जाता है।

पहला आदमी : इसने तुम पर कभी हाथ उठाया है?

रुकमनी : दो-एक बार...

पहला आदमी : गाली-गलोज?

रुकमनी : गाली अकसर देते हैं।

पहला आदमी : तुमने कभी शिकायत नहीं की। कभी जाने के लिए ज़िद नहीं की?

रुकमनी : मैं क्यों ज़िद करूँगी। मेरा घर ये है। मेरा दुख-सुख इस घर के साथ है। मेरे माता-पिता जियें, मेरे भाई-बहन फूलें-फलें...मेरा उनके साथ अब इतना ही सम्बन्ध है।

पहला आदमी : ये तुम्हारा दूसरा सबूत है।

[रुकमनी से रौशनी फ़ेड आउट होती है।]

दूसरा आदमी : तुम्हारे बच्चे ख़ौफ़ और दहशत में रहते हैं। तुम्हारी बीवी अपने माँ-बाप, भाई-बहनों को भूल गई है और तुम पत्थर दिल किसी कसाई की तरह उनका सुकून, उनका आराम नोच-नोचकर तबाह कर रहे हो।

नन्दलाल : लेकिन मेरा जीवन इनसे भी बदतर है।

दूसरा आदमी : तुम्हें ज़िन्दा रहने का कोई हक़ नहीं।

नन्दलाल : मैंने कई बार मरने का सोचा था।

दूसरा आदमी : मर क्यों न गए?

नन्दलाल : अपने बाल-बच्चों के बारे में सोचता हूँ तो दिल बदल जाता है। इन्होंने डरपोक बना दिया है।

दूसरा आदमी : जिस तरह की ज़िन्दगी ये अब गुज़ार रहे हैं वो तुम्हारे बग़ैर भी गुज़ार लेंगे। कीड़े-मकोड़ों की ज़िन्दगी गुज़ारना बहुत दुश्वार नहीं। और कभी मर भी गए तो इस देश का कोई नुक़सान नहीं होगा। उनका न तो जीना कोई मानी रखता है न ही मरना।

नन्दलाल : आप शायद ठीक कहते हैं—आप ठीक कहते हैं।

पहला आदमी : कभी मंदिर, गुरुद्वारे गए हो?

नन्दलाल : नहीं।

पहला आदमी : पूजा-पाठ किया है?

नन्दलाल : नहीं।

पहला आदमी : ब्राह्मण, साधु की ख़िदमत की?

नन्दलाल : कभी वक़्त नहीं मिला।

[इसी दौरान में चारपाई पर बैठे दोनों आदमी ग़ुस्सा ज़ाहिर करते हैं।]

दूसरा आदमी : तो तुम धर्म भी त्याग चुके हो!

पहला आदमी : एक सवाल का जवाब दोगे?

नन्दलाल : फरमाइए।

पहला आदमी : तुम करते क्या रहे हो ज़िन्दगी में?

नन्दलाल : मार्केट से रोज़ ठेला ले जाता था। दिन भर खड़ा रहकर फल बेचा करता था। जब दाल का शोरबा और घटिया चावल कमा लेता था दो दूसरे दिन की फ़िक्र रहती थी। मुझे मालूम था कि जिस दिन मैं ठेला लेकर न गया उस दिन घर में दाल और चावल न आएँगे। यही एक सवाल बिजली की तरह रोज़ कौंधा करता और मैं इसी फ़िक्र में रहता। खोली का किराया, कपड़े-लत्ते ये भी साथ-साथ थे। मैं जागता-जागता सो जाता और सोते हुए भी उठ बैठता। मेरा चेहरा टेढ़ा-मेढ़ा हो गया है, जिस्म का हर हिस्सा घिस-पिट गया है। जिस्म जान की सारी ताक़त ख़त्म हो चुकी है और इसका हल अब तक न पा सका और अब तो सब ख़त्म हो चुका है।

पहला आदमी : तुम ज़िन्दगी भर इन मकरूह और छोटे-छोटे सवालों के मुतअल्लिक़ सोचते रहे। मुल्क की तरक़्क़ी, समाज की तरक़्क़ी,

बमों, एटम बम, हाइड्रोजन बम, रॉकेट—इनकी तरफ़ कभी ध्यान नहीं दिया।

दूसरा आदमी : *(पहले आदमी से)* अब और सबूत की ज़रूरत नहीं।

पहला आदमी : *(दूसरे आदमी से)* बीवी का बयान, इसका अपना बयान जो कहता है कि इसका दिमाग़ मुजरिमाना है। मुजरिम, ज़िन्दगी की उच्च और ख़ूबसूरत बातें सोचने से इनकार करता है। जो फ़र्ज़ मुजरिम पर आयद थे, उनसे भी कोताही बरती है। मुजरिम का धर्म भी कोई नहीं है। भगवान का नाम लेने के लिए भी इसके पास वक़्त नहीं है।

दूसरा आदमी : अब उस जुर्म के बारे में पूछो—जिसने बाप-बेटे के रिश्ते को भी ख़तरे में डाल दिया है। अगर ऐसी घटनाएँ और होने लगीं तो भविष्य ख़तरे में है। ऐसे मुजरिमों को सख़्त से सख़्त सज़ा मिलनी चाहिए।

पहला आदमी : तुम ठीक कहते हो।

दूसरा आदमी : तो शुरू करो और जल्दी से ख़त्म करो। ख़ामख्वाह वक़्त ज़ाया हो रहा है।

[इसी दौरान में चारपाई पर बैठे हुए दोनों आदमी गाँजा निकालकर चिलम जलाते हैं। वे दोनों बड़ी दिलचस्पी से काम कर रहे हैं। तन-मन के साथ जैसे सैर कर रहे हों।]

पहला आदमी : कहीं जाना है क्या?

दूसरा आदमी : मैं अजीब आफ़त में आ गया हूँ।

पहला आदमी : क्यों, क्या हुआ?

दूसरा आदमी : वो जो लड़की रखी थी न?

पहला आदमी : हाँ...हाँ...।

दूसरा आदमी : वो प्रेगनेंट हो गई है। किसी डॉक्टर को ठीक करना है।

पहला आदमी : इसमें परेशानी की क्या बात है। मेरा एक दोस्त डॉक्टर है, अढ़ाई हज़ार रुपये लेगा बस।

दूसरा आदमी : तुम मेरे साथ चलना।

पहला आदमी : अमाँ यार क्या बात करते हो।

दूसरा आदमी : तो जल्दी करो।

पहला आदमी : यार एक कप कॉफ़ी का मिल जाता।

दूसरा आदमी : यहाँ ज़हर नहीं मिलेगा कॉफ़ी की बात करते हो।

पहला आदमी : मुझसे बोला नहीं जाएगा। तुम तो जानते हो कि अब तक तो

मैं कई कप कॉफ़ी के पी चुका होता।

दूसरा आदमी : वो तो ठीक है...

पहला आदमी : हलक़ सूख गया है।

दूसरा आदमी : यहाँ का पानी भी न पीना। पिछले दिनों अख़बार में मैंने पढ़ा था कि नल के पानी में बहुत ग़लाज़त आती है, और ये लोग बॉयल तो करते ही नहीं।

पहला आदमी : माफ़ करना यार ये लोग क्या हैं?

दूसरा आदमी : बकवास हैं।

पहला आदमी : न मरते हैं न जान छोड़ते हैं।

दूसरा आदमी : बस ऐसा ही है। चलो तुम अब...

पहला आदमी : यार, एक सिगरेट तो पी लूँ। ज़रा दम तो लेने दो। रात को ज़्यादा पी ली थी और सुबह दो एस्प्रिन की टिकिया खा चुका हूँ, अभी तक सरदर्द दूर नहीं हुआ।

[पहला आदमी सिगरेट सुलगाता है। एक-दो कश लेता है और इत्मीनान के साथ आगे बढ़ता है।]

पहला आदमी : जून की दोपहर याद है? बुध का दिन था? दो बजे थे?

नन्दलाल : अच्छी तरह याद है।

दूसरा आदमी : क्यों याद है?

नन्दलाल : वही मनहूस दिन था...

पहला आदमी : मनहूस दिन कैसे था...

नन्दलाल : मेरे ठेले पर एक ट्रक उलट गया था...ठेला भी चकनाचूर हो गया और पचास-साठ के फल मटियामेट हो गए। वही पचास-साठ रुपये मेरी पूँजी थी।

पहला आदमी : उस वक़्त तुम्हारी आँखों से शोले निकल रहे थे?

नन्दलाल : हाँ, उस दिन मैं किसी का ख़ून कर सकता था।

पहला आदमी : तुम्हारे चेहरे से ग़ुस्सा और नफ़रत टपक रही थी?

दूसरा आदमी : और तुमने वहीं इरादा कर लिया था।

नन्दलाल : मैंने कोई इरादा नहीं किया था।

पहला आदमी : तुम बेशक न मानो लेकिन गाड़ी में बैठे हुए तुम जुर्म का काँटा दिल में चुभो बैठे थे। और उस नशे से सराबोर थे?

नन्दलाल : वो ना-उम्मीदी थी।

पहला आदमी : नशे से तुम्हारी आँखें बन्द हो रही थीं।

नन्दलाल : मैं थक चुका था।

पहला आदमी : जब तुम अपनी चाल के क़रीब जा रहे थे तो झूम रहे थे। जैसे तुमने पी रखी हो?

नन्दलाल : मैं कमज़ोर हो गया था और मुझे चक्कर आ रहे थे।

पहला आदमी : घर में तुमने सबको और ऐसे देखा था जैसे तुम उनका ख़ून पी जाना चाहते थे?

नन्दलाल : मुझे चक्कर आ रहे थे, अँधेरा छा रहा था, मेरा दम घुट रहा था।

दूसरा आदमी : और उसी वक़्त तुमने इरादा किया था।

नन्दलाल : मुझे कुछ याद नहीं।

दूसरा आदमी : याद करो।

नन्दलाल : कुछ याद नहीं आ रहा।

दूसरा आदमी : *(ज़ोर से)* याद करो...

नन्दलाल : हाए...

दूसरा आदमी : बच्चे ने तुमसे किताब माँगी थी।

नन्दलाल : मेरे बच्चा...

दूसरा आदमी : तुमने उसे गाली दी थी।

पहला आदमी : गाली तुम हमेशा देते थे।

दूसरा आदमी : बच्चे ने ज़िद की थी।

[नन्दलाल सिसक उठता है।]

पहला आदमी : तुमने जबड़ा खोल दिया था।

[नन्दलाल की आवाज़ भर आती है।]

पहला आदमी : बच्चे ने कहा था कि उसे किताब चाहिए।

[नन्दलाल रो पड़ता है।]

पहला आदमी : और तुमने उठकर ज़ोर से चाँटा मारा था और बच्चा चक्कर खाकर गिर पड़ा था।

[नन्दलाल रो रहा है।]

दूसरा आदमी : और बच्चा बाज़ाब्ता किताब माँग रहा था।

पहला आदमी : और तुमने डंडा ले लिया था और मौत के फ़रिश्ते की तरह उस पर झपटे थे। बच्चा भाग खड़ा हुआ और तुमने पीछा किया। वो तुमसे जान बचाकर एक मकान की छत पर चढ़ गया।

दूसरा आदमी : तुमने उसका बाज़ाब्ता पीछा किया।

पहला आदमी : और तुम्हारा जबड़ा खुला था। बच्चा ख़ौफ़ज़दा होकर उस छत से कूद पड़ा...तुमने अपने बच्चे की जान ली।

दूसरा आदमी : तुमने अपने बच्चे का ख़ून किया...

पहला आदमी : तुम मुजरिम हो।

दूसरा आदमी : तुम मुजरिम हो।

दोनों आदमी : तुम मुजरिम हो...

नन्दलाल : कोई अपने बच्चे का ख़ून नहीं करता। कोई अपनी औलाद का ख़ून नहीं करता। कोई ख़ून नहीं करता...

[वो बाज़ाब्ता रो रहा है।]

पहला आदमी : अब है तुम्हारा कोई हिमायती, कोई साथी, जो तुम्हें सज़ा से बचा सके। जो तुम्हें इस जुर्म से आज़ाद करा सके?

[नन्दलाल उसी तरह फूट-फूट कर रो रहा है और कह रहा है, 'मैं बेक़सूर हूँ, मैं बेक़सूर हूँ।' इतने में रुकमनी फ़ेड इन होती है। उसकी आवाज़ भारी है, जैसे रो-रोकर थक चुकी हो।]

रुकमनी : दुनिया की कोई ताक़त इनको दोषी नहीं ठहरा सकती। मैंने दिन-रात देखा है, ये ग़म का सावन-भादों उठाते रहे हैं। ये कैसी दुनिया है कि आदमी बैल की तरह काम करे और भूखा रहे। उसके बच्चे स्कूल न जा सकें। मुझे दस साल हो गए हैं मैंने अपनी माँ की सूरत नहीं देखी, अपने बापू की आवाज़ नहीं सुनी। सात साल हुए हैं मैंने सुना था कि मेरी एक बहन पैदा हुई है। मुझे अब तक नहीं मालूम उसकी सूरत कैसी है, वो कैसे बोलती है, मुझे जानती है या नहीं...मैं उनको देखने के लिए तरसती हूँ। मैं अपने भैया को देखने के लिए तरसती हूँ। ये कैसे दिन हैं कि मैं उनसे नहीं मिल सकती।

मैंने सोचा था कि मैं अपनी हड्डी और मांस से इनको सुख दूँगी, आराम दूँगी लेकिन मैं देखती हूँ कि मैंने इन्हें...सावन-भादों दिया है। ग़म की बरखा सदा इन पर बरसती रही है। और ये हड्डियाँ तक भीग गई हैं।

चनी हमारा हमसे रूठ गया है। हम सबका सपना था। हमारे सुन्दर मिलाप का फूल था। अब हम दोनों अपने दिलों में

उसकी चिता जलाए बैठे हैं। हम जब तक जियेंगे यह चिता जलती रहेगी।

[वह धीरे से दुपट्टे से आँसू पोंछती है। धीरे-धीरे वे चारों आदमी फ़ेड आउट हो जाते हैं। रुकमनी भी एक लम्हे के लिए नज़र नहीं आती। नन्दलाल की सिसकियाँ अब भी सुनाई दे रही हैं। मौसीक़ी दर्द से डूबी है।
धीरे-धीरे फ़ेड इन होता है। एक ख़स्ता चाल का ख़स्ता कमरा है। नन्दलाल बैठा रो रहा है।]

नन्दलाल : कहाँ गया, हमको छोड़कर...कहाँ गया...

[रुकमनी उसके पास आती है। उसके कन्धे पर हाथ रखती है।]

रुकमनी : हमारे दिल में है। हमारे ख़ून में है...मत रोओ...बस करो... रोया नहीं करते...उठो, कल से बच्चे तुम्हारे मुँह को देख रहे हैं...उन्होंने कुछ नहीं खाया...उठो, उनको दिलासा दो...उनके सिर पर हाथ रखो...

[वह लड़खड़ाता हुआ उठता है। रुकमनी उसे सहारा देकर रसोईघर की तरफ़ ले जाती है।]

[परदा गिरता है।]

सरिता के नाम

पात्र

सरिता
सुरजीत
शबानी
और बाबूजी।

शबानी : अगर तुम न मिलते...।

सुरजीत : कैसे न मिलता...

शबानी : एक मिनट तो मैं घबरा गई थी, इतना बड़ा शहर, बम्बई में पहले कभी आई भी तो नहीं। न जान न पहचान। गाड़ी से उतरी तो सोचा लौट जाऊँ।

सुरजीत : तार दे दिया होता।

शबानी : फिर तो आने का रोमांस ही चला जाता।

सुरजीत : अचानक तय किया है...?

शबानी : एकदम यूँ...*(चुटकी बजाती है।)*

सुरजीत : घरवाले?

शबानी : मुझे इतना एक झूठ बोलना आता है कि अकसर लोग सच समझ बैठते हैं।

सुरजीत : क्या कहा तुमने?

शबानी : मैंने कहा मेरी एक सहेली जिसकी शादी बम्बई में हुई है उसका एक्सिडेंट हुआ है, बिलकुल मरने वाली है, या मर चुकी है— और मैं इतना रोई कि घरवाले घबरा गए कि मैं भी शायद रो-रोकर मर जाऊँगी, बस तुरन्त परमिशन मिल गई...*(चुटकी बजाती है।)*

सुरजीत : अच्छा हुआ तुम आई हो।

शबानी : अच्छा हुआ न?

सुरजीत : बहुत अच्छा हुआ।

शबानी : क्यों अच्छा हुआ...?

सुरजीत : जब से सरिता की मौत हुई है मैं अकेला-सा हो गया हूँ।

शबानी : अरे हाँ, मैंने अख़बार में पढ़ा था।

सुरजीत : पेपर वालों ने उस ख़बर को बहुत उछाला है, आदमी मशहूर हो जाए तो कोई बात छुपी नहीं रहती।

शबानी : फॉरगेट इट...।

सुरजीत : तुम भी तो जानती थीं न सरिता को!

शबानी : हाँ, आई वाज़ वेरी जेलस ऑफ़ हर।

सुरजीत : जेलस?

शबानी : हाँ, मैं बहुत जलू हूँ...तुम्हें नहीं मालूम!

सुरजीत : मुझे कैसे मालूम?

शबानी : छोटी-सी बात हो जाए तो ज़िन्दगी भर नहीं भूलती—ज़रा-सी बात हुई नहीं तो मुँह बन्द और फ़ैक्ट्री चालू?

सुरजीत : फ़ैक्ट्री चालू...?

शबानी : नहीं समझे?

सुरजीत : नहीं तो।

शबानी : मेरी अपर स्टोरी है न—यह नारियल, मेरी खोपड़ी, इसको मैं फैक्ट्री कहती हूँ। ज़रा-सी बात मिल जाए तो मैं घंटों, दिनों बैठे सोचती रहती हूँ। कहानी पर कहानी बनाती हूँ। अगर मुझे लिखना आता न सुरजीत तो मैं बड़े-बड़े राइटरों की छुट्टी कर देती।

सुरजीत : इंट्रेस्टिंग, लो, तुम बीयर पियोगी, जिन, रम, व्हिस्की या कॉकटेल?

शबानी : यार, कोई ऐसा चक्कर चलाओ कि मुझे चढ़ जाए।

सुरजीत : क्यों?

शबानी : बस देखना है कि नशे के बाद कैसा लगता है।

सुरजीत : पहले कभी पी है?

शबानी : बीयर पी थी हॉस्टल में एक दिन।

सुरजीत : कैसी लगी?

[नशे की नक़ल उतारती है।]

शबानी : अकरम-बकरम...ज़बान बाहर...

[दोनों हँसते हैं।]

सुरजीत : तुमने बताया नहीं?

शबानी : क्या?

सुरजीत : सरिता से तुम क्यों जलती थीं?

शबानी : जाने दो, बेचारी मर चुकी है।

[वह दारू के कुछ क़तरे फेंकती है।]

शबानी : सरिता के नाम।

सुरजीत : यह क्या?

शबानी : हमने हॉस्टल में ऐसा ही किया था। हमारी एक सहेली उस दिन हमारे बीच नहीं थी, हमने यूँ ही चार क़तरे फेंके और कहा, सरिता के नाम।

सुरजीत : उसका नाम भी सरिता था?

शबानी : नहीं तो।

सुरजीत : तुमने अभी...।

शबानी : नाम याद नहीं आया, इसलिए बोल दिया। *(वैसे ही करती है)* सरिता के नाम।

सुरजीत : अजब लड़की हो तुम।

शबानी : ख़ूबसूरत नहीं हूँ?

सुरजीत : हाँ, हो।

शबानी : ख़ूबसूरत इतनी नहीं हूँ जितनी सेक्सी हूँ, क्या ख़याल है तुम्हारा?

[वह हँसता है।]

शबानी : अगर मैं अकेले किसी के कमरे में जाऊँ तो मेरा रेप हो जाए... क्यों?

सुरजीत : अभी तुम जा तो नहीं रही न?

शबानी : तुम्हारा मन भी हरामी हो रहा है क्या?

सुरजीत : थोड़ा-सा।

शबानी : लेकिन सुरजीत, लोगों को रेप में क्या मज़ा मिलता होगा? तुम्हारा तजुर्बा क्या है?

सुरजीत : मेरा तजुर्बा?

शबानी : हूँ।

सुरजीत : मैं तुम्हें क्या बताऊँ?

शबानी : बनो नहीं यार, इस मुल्क के वन ऑफ़ द बेस्ट फ़ोटोग्राफ़र हो, दुनिया भर की मॉडल्ज़ से वास्ता पड़ता होगा। कई तो... क्या फ़िकरा है तुम मर्दों का, वह प्लेट वाला।

सुरजीत : यू आर शॉकिंग शबानी।

शबानी : ओहो! *(ज़ोर से हँसती है।)*

शबानी : तुम भी इस लाइन में खड़े हो...तुम्हारा फ़ार्मूला बताऊँ?

सुरजीत : हूँ।

शबानी : नम्बर-1, तुम्हें पहले वक़्त चाहिए।

नम्बर-2, फिर कुछ इधर-उधर की बातें, मौसम की, आर्ट की, फिर वह तुम्हारी फ़ोटोग्राफ़ी की तारीफ़ करे, तुम उसकी आवाज़ की, या आँखों की या सीने की या और नीचे की...क्यों?

[वह झेंपकर हँसता है।]

सुरजीत : उसके बाद?

शबानी : उसके बाद थोड़ा-बहुत रोमांस...हाथ इधर-उधर और तब तक शराब भी थोड़ी मददगार साबित होती है...मेम साहब थोड़ा एडवंचर चाहती हैं, और तुम एस्केप, बस फिर सेक्स—कहो कैसी रही हमारी थ्योरी?

सुरजीत : तुम जितनी सीधी लगती हो, उतनी हो नहीं। काफ़ी इंटेलिजेंट हो।

शबानी : हुज़ूर, आपको बुरा न लगे तो फ्रेंच में एमए करने जा रही हूँ। *(वह मुँह पर हाथ रखकर हँसती है।)*

सुरजीत : अब क्या हुआ?

शबानी : नहीं बताऊँगी।

सुरजीत : बात क्या है?

शबानी : तुम्हें बुरा लगेगा।

सुरजीत : कहो तो...!

शबानी : मैं फ्रेंच न कहकर फ्रेंच लेदर कहने जा रही थी...सॉरी!

सुरजीत : ऐसी बातें कहने की आदत है तुम्हें, या मुझे बनाने के लिए कह रही हो?

शबानी : नतीजा निकाल लेना।

सुरजीत : किसके बारे में?

शबानी : घटना के बारे में।

सुरजीत : किस घटना की बात कर रही हो तुम?

शबानी : मैं यहाँ आई हूँ।

सुरजीत : वह तो मैं देख रहा हूँ।

शबानी : इसके बाद चली जाऊँगी।

सुरजीत : किसके बाद?

शबानी : आने और ठहरने के बाद।

सुरजीत : ओह गॉड!

शबानी : मुझे चढ़ गई है क्या?

सुरजीत : आहिस्ता पियो...नहीं तो ज़रूर चढ़ जाएगी।

शबानी : क्या हुआ था?

सुरजीत : किसके बारे में पूछ रही हो?

शबानी : सरिता के बारे में।

सुरजीत : मौत का कारण पूछ रही हो या जीने का?

शबानी : जो भी तुम बताना चाहो।

सुरजीत : लेकिन फ़ायदा?

शबानी : मैंने कहा न कि मैं बहुत जलू हूँ।

सुरजीत : लेकिन अब तो वह मर चुकी है।

शबानी : तुम्हारा बयान था कि उसने ख़ुदकुशी की थी।

सुरजीत : बात तो एक ही हुई।

शबानी : नहीं, एक नहीं हुई।

सुरजीत : तुम मुझे पहले क्यों न मिलीं शबानी?

शबानी : पहले कब?

सुरजीत : मेरी शादी से पहले।

शबानी : सरिता की शादी न होती तो मुझसे कैसे मिलते।

सुरजीत : सरिता का जिक्र ज़रूरी हो गया है।

शबानी : चाहने न चाहने की बात नहीं।

सुरजीत : फेरे होने से पहले तुम सरिता की सहेलियों के साथ बैठी थीं।

शबानी : और तुमको तके जा रही थी, जैसे मर जाऊँगी। सरिता मेरी सबसे अच्छी सहेली थी, सरिता मेरी सबसे बड़ी दुश्मन निकली। सरिता ने तुमसे शादी कर ली। सरिता मर भी गई। कुछ तस्वीरें रह गईं जो हम सबने तुम्हारे साथ खिंचवाई थीं।

सुरजीत : कुछ तस्वीरें...?

शबानी : लोधी गार्डन, हुमायूँ का मक़बरा, ओखला, कुतुब की लाट, लाल क़िला, सब ऐतिहासिक मोमेंट्स—अकसर मैं सोचती हूँ

आख़िर उसे इतिहास से इतनी दिलचस्पी क्यों थी—इसमें उसकी कोई चाल तो नहीं थी?

सुरजीत : चाल?

शबानी : और नहीं तो क्या, उसके मरने की ख़बर सुनकर जब मैंने तस्वीरों को देखना शुरू किया तो मुझे वह हँसती हुई मालूम हुई, जैसे वह भी उन तमाम मोमेंट्स का हिस्सा बन गई है।

सुरजीत : वह क्या चाल चलेगी बेचारी। वह एकदम मामूली, साधारण, जाहिल, हर तरह से एक आम लड़की थी जिसका वाहिद मक़सद बच्चे जनना था।

शबानी : कितने बच्चे जने उसने?

सुरजीत : उसकी मर्ज़ी पर चलता तो दो-चार तो हो ही जाते, शबानी। मैं एक आम आदमी नहीं हूँ, साधारण नहीं हूँ, मामूली नहीं हूँ। इसमें मेरा क्या क़ुसूर कि मैंने शोहरत पा ली है, और यह शोहरत ऐसे तो नहीं आई, मेरे जैसे कैरेक्टर के लिए मार्क्स, लेनिन ने कुछ नहीं लिखा होगा। लोअर मिडिल क्लास का एक ग़रीब लड़का, जो खाने-पीने को तरसता था, जिसे बचपन से फ़ोटोग्राफ़ी का शौक़ था, सिर्फ़ शौक़ ही नहीं, पेशा बनाना चाहता था। ख़ूबसूरत लड़की देखे तो बदन जल उठे। अच्छा सा सजा हुआ ड्राइंगरूम देखे तो बेहोशी छाने लगे। नोटों की गिनती सुने तो गिनती भूल जाए। दिन के बाद दिन, महीने के बाद महीना, साल के बाद साल गुज़ारे...और उसके बाद अपनी चारदीवारी, अपनी बीवी का बोझ सँभाले, उस बसी हुई बू को पी ले। और जब घबरा जाए तो बाहर खुली फ़िज़ा में साँस लेना चाहे और सरिता एक-एक बात के लिए तक़ाज़ा करे... तुम सोच नहीं सकतीं क्या ज़िन्दगी गुज़ारी होगी मैंने शबानी, मैं तुम्हें बता नहीं सकता।

[वह पूरा गिलास चढ़ा जाता है और दूसरा पेग बनाता है।]

शबानी : फिर शादी क्यों की थी?

[सरिता फ़ेड इन होती है, जैसे वह हमेशा से वहीं खड़ी थी।]

सरिता : फिर शादी क्यों की थी?

[सुरजीत शबानी को छोड़कर सरिता की तरफ़ मुड़ता है।]

सुरजीत : अपनी ज़रूरत के लिए।

सरिता : अपनी ज़रूरत के लिए किसी का मर्डर भी कर दोगे?

सुरजीत : अब यह क्या बात हुई?

सरिता : तुमको यह इख़्तियार है कि ज़रूरत हो तो चने की दाल खाओ या शादी कर लो, कोई रिश्ता बना लो या तोड़ दो।

सुरजीत : अगर मुझे यह मालूम होता कि तुम ऐसी निकलोगी तो मैं कभी शादी न करता।

सरिता : ऐसी निकलोगी मतलब?

सुरजीत : यही, हर बात के लिए तक़ाज़ा—कहाँ जा रहे हो? कब वापस आओगे? खाना खाओगे? बाबूजी की चिट्ठी आई है—शबानी के भाई की शादी है, सब्ज़ी कौन-सी बनाऊँ? मोज़े जल्दी बदला करो, तुम्हें बहुत पसीना आता है—बटन तोड़ देते हैं, यूँ लगा कि मैं एकदम पति बन गया हूँ। इस चारदीवारी में क़ैद हो गया हूँ। आर्ट, कला, खुली फ़िज़ा अब मेरी ज़िन्दगी में नहीं।

सरिता : और वे दिन भूल गए—सुबह, दोपहर, शाम एक चक्कर ज़रूर काटा करते थे। बाबूजी बाज़ार में मिले तो उनसे सब्ज़ी का थैला उठा लेते थे। माँ से घंटों बातें करते थे। रसोई तक में मदद करते थे कि किसी तरह वह मेरे लिए हाँ कर दें। और जब मैं घर की तरफ़ लौट जाती तो तुम्हारी नज़रें मेरा पीछा करती थीं और तुमने कहा नहीं था...

सुरजीत : हाँ, मैंने कहा था कि मैं तुमको चाहने लगा हूँ। वह झूठ नहीं था, सच था। उस वक़्त का सच, उस वक़्त की ज़रूरत लेकिन सरिता, मैं एक आम आदमी नहीं हूँ जो ज़िन्दगी को एक खूँटे से बाँध दे और भूल जाए।

सरिता : हिम्मत है तो यह भी कह दो कि उस वक़्त तुम्हें दहेज की ज़रूरत थी, एक कमरे की ज़रूरत थी। दहेज से आई हुई रक़म से तुम कैमरा ख़रीदना चाहते थे, अपने लिए एक लैब बनाना चाहते थे और यह भी चाहते थे कि तुमको पकी-पकाई मिल जाए, चाहे पकाने वाली का नाम पत्नी ही क्यों न हो। दूसरे लफ़्ज़ों में तुमको सीढ़ी चढ़ना था—एक और सीढ़ी।

सुरजीत : तो इसमें मेरा क्या क़ुसूर?

सरिता : तो किसका क़ुसूर है?

सुरजीत : मैं आर्टिस्ट हूँ, सपने देखता हूँ। न चाहने पर भी आम ज़िन्दगी की ज़रूरियात नज़रअन्दाज़ करता हूँ। झूठ बोलता हूँ, धोखा देता हूँ। आम, बेमानी, बेकार झूठ—सिर्फ़ इसलिए कि मैं अलग-थलग रहूँ, अपने आप को बचाकर रखूँ। क़ुदरत ने जो तोहफ़ा मुझे बख़्शा है उसकी देखभाल करूँ। उसके लिए ख़ुदग़र्ज़ बन जाता हूँ। अपनी ज़ात, अपनी ख़ुशी, अपना ग़म एक नुक़्ते पर, एक मर्कज़ पर क़ुर्बान कर देता हूँ।

सरिता : लेकिन तुम्हारे लिए यह कभी मुमकिन नहीं था कि अपनी बीवी को अपनी ख़ुशी में शरीक करो। धीरे-धीरे, रफ़्ता-रफ़्ता जब तुम कामयाबी के रास्ते पर जाने लगो तो उसको नज़रअन्दाज़ करते जाओ, भूल जाओ, क्योंकि एक आर्टिस्ट, एक कलाकार, एक मशहूर आदमी की ज़िन्दगी में एक आम पत्नी का क्या काम? चाहे वह दहेज में आई हुई किसी कुर्सी-मेज़ की तरह कोने में पड़ी रहे। न चाहे तो ख़ुदकुशी कर ले—या दोनों के बीच का रास्ता अपना ले।

सुरजीत : बीच का रास्ता?

सरिता : हाँ, बीच का रास्ता।

सुरजीत : क्या बक रही हो?

सरिता : शीशा दिखा रही हूँ।

सुरजीत : तुम्हारी बातों से तड़के की बू आ रही है।

सरिता : और तुम्हारी बातों से अँधेरे की बू आ रही है, निगेटिव कैमिकल्स की बू आ रही है। घिन, मतली, गन्दगी, पड़ी-सड़ी बोसीदा बातों के टेपरेकार्ड, गन्दी आदतों की पूरी किताब, हर बात में झूठ, फ़रेब...छी:...।

सुरजीत : तुम हद से गुज़र रही हो सरिता।

सरिता : हद मुक़र्रर करने वाले तुम कौन हो?

सुरजीत : मैं तुमको हद से गुज़रने नहीं दूँगा।

सरिता : क्योंकि तुम कलाकार हो, और मैं एक पत्नी हूँ। अरे तुम्हारी कला दो टके की और मेरी परम्परा, मेरे संस्कार—गंगाजल।

सुरजीत : मैं तुम्हारी रोज़-रोज़ की बक-बक से तंग आ गया हूँ।

सरिता : तो मुझे छोड़ दो।

सुरजीत : तुम क्यों नहीं जातीं?

सरिता : इसलिए कि यह मेरा घर है।

सुरजीत : और मेरा?

सरिता : तुम्हारे लिए क्या फ़र्क़ पड़ता है, किसी का दरवाज़ा खटखटा दो।

सुरजीत : या कोई यहाँ आ जाए।

सरिता : और मैं अपने सामने कांड देखती रहूँ—यही बीच का रास्ता मेरे लिए रह गया है। गन्दे, लफ़ंगे, बेहया, तस्वीरें टकों पर बेचने वाले, अपने आप को आर्टिस्ट समझते हो।

सुरजीत : सरिता...।

सरिता : हाँ-हाँ, ख़ुदग़र्ज़ हो, जंगली हो, बेहया हो, तुम्हारी आत्मा भी काली है, अपने आप को आर्टिस्ट मानते हो।

सुरजीत : मैं तुम्हें जान से मार दूँगा।

[वह उसे तमांचा मारता है।]

सरिता : मार दो, जान से मार दो मुझे, मैं मर जाऊँगी।

[वह रोती है।]

[फ़ेड आउट।]

[फ़ेड इन।]

[रौशनी सिर्फ़ शबानी पर है, आवाज़ इमेज से पहले आती है।]

शबानी : सरिता ऐसी तो न थी। हममें सबसे ज़्यादा रोमांटिक, ज़्यादा ज़िम्मेदार, घर का ख़याल, अपने बाबूजी के आराम के लिए तो ऐसा मरती थी जैसे वह उसके बाबूजी न हों उसके लवर हों। उनके आने के वक़्त उसका ध्यान दरवाज़े पर रहता था। ज़रा-सी आहट पर चौंक पड़ती थी और जब वह आते तो उनकी गर्दन से झूल जाती। उन्हें ज़रा-सी देर हो जाती तो ढेरों सवाल करती। बीसियों की मददगार, उसका देखना, उसकी एक-एक बात में जेसचर, हम किताबें कोट करते थे और वह हँसकर बड़ी से बड़ी बात को झुठला देती थी। सरिता ऐसी तो न थी।

सुरजीत : फिर उसने शादी के लिए हाँ क्यों की?

बाबूजी : उसने शादी के लिए हाँ करके तुम्हारी ज़िन्दगी बरबाद कर दी।

[बाबूजी भी वैसे ही खड़े नज़र आते हैं।]

शबानी : सरिता को शादी तो करनी थी।

सुरजीत : मुझे शादी तो करनी थी।

बाबूजी : उसकी शादी तो करनी थी।

शबानी : उसको सीधा-सादा शरीफ़-सा आदमी मिलता तो उसके घर को वह जन्नत बना देती।

[शबानी फ़ेड आउट हो जाती है।]

बाबूजी : मैंने सोचा था कि तुम्हारा घर जन्नत बना देगी।

सुरजीत : बाबूजी, मुझे उससे कोई शिकायत नहीं, अब मैं सोचता हूँ कि मैं ही कई बार हद से गुज़रता गया, ज़्यादती करता गया उससे।

बाबूजी : बेटा, गृहस्थी निबाहने के लिए कई बातों को, एक-दूसरे की कमज़ोरियों को बर्दाश्त करना पड़ता है। सहना पड़ता है, क्योंकि शादी ज़िन्दगी भर का साथ है।

सुरजीत : अपनी ख़ुदग़र्ज़ी की वजह से मैंने कभी इस बात को अहमियत ही नहीं दी।

बाबूजी : सुरजीत! मैं तुमको अपना बेटा मानता हूँ। सरिता नहीं रही लेकिन इससे तुम पराए तो नहीं हो गए। तुम अब भी हमारे अपने हो। तुमको बुरा न लगे तो एक बात कहूँ?

सुरजीत : बाबूजी, आप जानते हैं कि मैं आपकी कोई बात नहीं टाल सकता।

बाबूजी : तो तुम दूसरी शादी कर लो।

सुरजीत : क्या कह रहे हैं बाबूजी?

बाबूजी : सही कह रहा हूँ मैं, और जितनी जल्दी हो सके उतनी जल्दी कर लो।

सुरजीत : बाबूजी! आप मुझे क्या समझते हैं? मैं इतना बुरा नहीं हूँ। मैं... इंसान हूँ बाबूजी, ख़ुदग़र्ज़ हूँ, इतना तो बुरा नहीं हूँ...इतना बुरा तो नहीं। आदमी की ज़िन्दगी में सेक्स ही तो सब कुछ नहीं होता। ठीक है, सरिता और मेरे झगड़े होते थे। हम एक-दूसरे से ख़ुश नहीं थे, लेकिन इसका मतलब यह तो नहीं कि उसके मरते ही मैं ब्याह रचा लूँ। अभी उसकी चिता की राख ठंडी भी नहीं हुई।

बाबूजी : इसीलिए तो कह रहा हूँ जल्दी शादी कर लो, बेटे, तुम जानते हो सरिता मेरी सबसे प्यारी औलाद थी।

सुरजीत : बाबूजी, इसलिए आप कह रहे हैं?

बाबूजी : हाँ, बेटे, इसलिए मैं कह रहा हूँ।

सुरजीत : कहीं आप सरिता की याद के साथ कुछ ज़्यादती तो नहीं कर रहे हैं?

बाबूजी : मैं सरिता की याद के साथ इंसाफ़ कर रहा हूँ।

सुरजीत : लोग क्या कहेंगे?

बाबूजी : लोग क्या कहेंगे?

सुरजीत : यही कि मैं सेक्स मैनियाक हूँ, ओबाश हूँ, कोई कैरेक्टर नहीं है मेरा।

बाबूजी : इससे तुमको फ़र्क़ पड़ेगा बेटे?

सुरजीत : मुझे तो नहीं...।

बाबूजी : किसको पड़ेगा?

सुरजीत : लेकिन...।

बाबूजी : और कोई वजह?

सुरजीत : मुझे कुछ अच्छा नहीं लग रहा।

बाबूजी : क्या अच्छा नहीं लग रहा?

सुरजीत : इस तरह की बातें करना, जैसे हम कोई सौदा बेच रहे हैं या ख़रीद रहे हैं।

बाबूजी : सच कहो बेटे, तुम्हें सरिता से अब भी प्यार है?

सुरजीत : मैं झूठ नहीं कहूँगा...नहीं है।

बाबूजी : कभी प्यार था?

सुरजीत : शायद कभी नहीं था।

बाबूजी : इसलिए कह रहा हूँ बेटे, जिस तरह इस घर में सरिता का ज़िक्र होता है, जिस तरह तुम उसे याद करते हो, जिस तरह तुम उसकी याद जगाते हो वह मेरे लिए दर्दनाक, अज़ीयतनाक है। मैं चाहता हूँ बेटे तुम जल्दी शादी कर लो। इस घर में उसका ज़िक्र नहीं होना चाहिए। तुम्हारी ज़बान से सरिता का नाम नहीं निकलना चाहिए। यही इंसाफ़ हम कर सकते हैं उसकी याद के साथ। उम्मीद है तुम मुझे मायूस नहीं करोगे।

[फ़ेड आउट]

[शबानी फ़ेड इन होती है।]

शबानी : तो तुमने बाबूजी का कहना नहीं माना?

सुरजीत : पहले तो मैं उनकी बात समझ ही नहीं सका।

शबानी : मैं जानती थी।

सुरजीत : मतलब?

शबानी : बाबूजी छोटी-सी-छोटी बात को मानी दे देते हैं।

सुरजीत : तुम उन्हें अच्छी तरह जानती हो?

शबानी : हाँ।

सुरजीत : हमेशा से?

शबानी : हाँ, लेकिन सरिता की मौत के बाद कुछ ज़्यादा। सरिता के मरने के बाद उनको चुप-सी लग गई थी। ख़ामोश, अलग-थलग, कमरे में छत को ताक़ते रहते थे। घर का, बाहर का कोई आदमी अन्दर नहीं जा सकता था। एक दिन मैंने आहिस्ता से आवाज़ दी, 'बाबूजी!' तो वह चौंक पड़े। कमरे में कुछ अँधेरा-सा था, मेरी तरफ़ खोए हुए देखते ही रहे। बोलो—*(आवाज़ गूँज के साथ सुनाई देती है 'सरिता'।)*

शबानी : मैंने कहा, 'बाबूजी'। वह उठ खड़े हुए। मुझे देखकर बेबस हो गए और पहली बार बच्चों की तरह बिलख-बिलख कर रो पड़े। उसके बाद मैं उनकी बेटी बन गई और वह मेरे बाबूजी—अब वह कहते हैं कि मेरा ब्याह वह रचाएँगे, लेकिन उसके साथ जिसे मैं पसन्द करूँ।

[ज़रा-सा हँसती है।]

सुरजीत : शबानी मैं चाहता था कि बाबूजी की बात मान लूँ, लेकिन हिम्मत नहीं हुई। घबरा गया, ख़ौफ़ज़दा हो गया। मैं अन्दर से बेहद कमज़ोर आदमी हूँ। बिल्ली भी रास्ता काट दे तो घर लौट आता हूँ। फिर जैसे शादी का हैंगओवर था वह हैंगओवर उतारना चाहता था। सरिता की याद तो भुलाना चाहता था, लेकिन शादी न करके, Orgies करके। एक के बाद एक लड़की—अच्छी, बुरी, मामूली, ग़ैर-मामूली, एक रात, एक दिन, कुछ वक़्त। बस जैसे मैं सरिता से बदला लेना चाहता था और इस सिलसिले में, इस शोर में, इस नए हैंगओवर में बाबूजी की बात भूल गया।

शबानी : लेकिन बाबूजी नहीं भूले। न अपना कहना भूले, न तुम्हारा करना भूले।

सुरजीत : तुम्हें कैसे मालूम?

शबानी : मैं उन्हें जानती हूँ। उनकी हर बात समझती हूँ। उनको जब बहुत दुलार आता है तो वह मुझे सरिता कहकर पुकारते हैं।

सुरजीत : अब तुम यहाँ सरिता बनकर आई हो या शबानी?

शबानी : इसका फ़ैसला अभी न करो।

सुरजीत : कब करना होगा?

शबानी : जब मैं चली जाऊँ।

सुरजीत : तुम यहाँ से चली जाओगी?

शबानी : जाना तो होगा मुझे।

सुरजीत : फिर तुमको कैसे पता चलेगा?

शबानी : किस बात का पता?

सुरजीत : कि तुम सरिता हो या शबानी।

शबानी : मैं बताऊँ?

सुरजीत : हाँ।

शबानी : मुझे चढ़ गई है।

सुरजीत : और मत पियो।

शबानी : हाँ, मुझे और नहीं पीनी चाहिए।

सुरजीत : हाँ।

शबानी : मुझे बेहोश भी रहना है और होश में भी।

सुरजीत : *(हँसकर)* बिलकुल, वरना मज़ा जाता रहेगा।

शबानी : *(मुस्कराकर)* हाँ, वरना मज़ा जाता रहेगा।

सुरजीत : आदमी को पता ही न चले कि वह क्या कर रहा है तो फ़ायदा ही क्या?

सुरजीत : और जो करना चाहे वह न कर पाए तो?

शबानी : हाँ, और जो करना चाहे वह न कर पाए तो?

सुरजीत : अब मैं तुम्हें पाना चाहता हूँ।

शबानी : मैं तुमको बताऊँ कि मैं कौन हूँ।

सुरजीत : हाँ बताओ तुम सरिता हो या शबानी।

शबानी : मैं सरिता भी हूँ, शबानी भी हूँ।

सुरजीत : झूठ।

शबानी : आज़माकर देख लो।

सुरजीत : कैसे?

शबानी : जिस तरह चाहो।

सुरजीत : तुम तो सरिता से जेलस थीं।

शबानी : वह बाबूजी के ज़िक्र से पहले।

सुरजीत : अब?

शबानी : अब तो सरिता मेरी ज़िम्मेदारी है, मेरी प्रोडिजी।

सुरजीत : इतनी छोटी-सी हो और बातें इतनी बड़ी-बड़ी।

शबानी : उम्र की बात नहीं है, महसूस करने की बात है।

सुरजीत : और अगर मैं तुम्हें न जाने दूँ तो?

शबानी : किस तरह रोकोगे मुझे?

सुरजीत : मैं समझता हूँ अभी बहुत देर नहीं हुई।

शबानी : अच्छा!

सुरजीत : मैं भी बाबूजी की बहुत इज़्ज़त करता हूँ।

शबानी : जज़्बाती तो नहीं हो रहे?

सुरजीत : इसमें बुरा ही क्या है?

शबानी : बाद में नशा उतर जाएगा।

सुरजीत : तुम मेरी मदद करोगी तो नहीं उतरेगा।

शबानी : क्या तय किया है?

सुरजीत : मैंने सरिता के साथ बहुत ज़्यादती की है।

शबानी : हाँ।

सुरजीत : उसके साथ भी, उसकी याद के साथ भी—अब तुम्हें साबित करना चाहता हूँ।

शबानी : किस तरह?

सुरजीत : उसकी याद के साथ इंसाफ़ करना चाहता हूँ।

शबानी : अच्छा!

सुरजीत : ज़िन्दगी को नया मोड़ देना चाहता हूँ।

शबानी : अच्छा!

सुरजीत : अपनी ज़ात को एक खूँटे के साथ बाँधना चाहता हूँ।

शबानी : *(ज़रा-सा मुस्कराती है)* हूँ।

सुरजीत : आख़िर सेक्स की कितनी अहमियत है। सारी दुनिया तो नहीं है। जिस्म कहाँ तक बर्दाश्त करेगा और दिमाग़ को आदमी किसी पीपल के पेड़ के नीचे छोड़कर तो नहीं आ सकता। तुम बताओ शबानी, तुम मेरी मदद करोगी?

शबानी : मैं यहाँ आई हूँ, मौजूद हूँ यहाँ, तुम्हारे पास हूँ, अपनी मर्ज़ी से आई हूँ। मुस्करा रही हूँ, हँस रही हूँ, बोल रही हूँ, सुन रही

हूँ, सोच रही हूँ।

सुरजीत : मुझसे शादी करोगी?

शबानी : सोच रही हूँ मैं...

सुरजीत : तुम शबानी भी हो, सरिता भी हो, बाबूजी के लिए, मेरे लिए। तुमको भी सरिता का क़र्ज़ उतारना है। तुम सरिता से जेलस थीं और मैं बेवफ़ा—दोनों तय करते हैं। शादी करते हैं। पूरी परम्परा के साथ—सात फेरे, मंत्रों का उच्चारण, घी, सामग्री, आग के सामने। फिर उसकी याद जगाएँगे, मरने तक ज़िक्र करेंगे, याद करेंगे, पश्चात्ताप करेंगे।

शबानी : सुरजीत! तुम एक साधारण आदमी बनोगे?

सुरजीत : हाँ, मैं भीड़ में शामिल होना चाहता हूँ। कोई मेरी तरफ़ देखे नहीं, कोई मेरी तरफ़ इशारा न करे। अनदेखे, अनसुने मैं पैदल चलूँ समंदर के किनारे पर, फ़ुटपाथ, अनजानी जगहों पर यात्रा करूँ। अनजाने लोगों से अनजान बनकर रहूँ। मैं एक आम आदमी, साधारण आदमी बनकर जीना चाहता हूँ।

शबानी : लेकिन यह तो अब मुश्किल है।

सुरजीत : आसान कर दो।

शबानी : सरिता ने ख़ुदकुशी की थी या तुमने उसका ख़ून किया था?

सुरजीत : दोनों बातें सच हैं।

शबानी : फ़ैसला नहीं किया?

सुरजीत : फ़ैसला करना बहुत मुश्किल है।

शबानी : क्यों?

सुरजीत : कहना पड़ेगा, गुज़रना होगा, तय करना पड़ेगा, फ़ैसला करना होगा।

शबानी : सरिता कहाँ थी?

सरिता : मैं वहाँ खड़ी थी।

शबानी : और तुम...?

सुरजीत : मुझे कुछ याद नहीं...।

सरिता : या याद करना नहीं चाहते...।

सुरजीत : मैंने बहुत पी हुई थी, मैंने सोचा था कि सरिता सब कुछ भूलकर मेरे पास आएगी।

सरिता : ड्राइंग रूम का फ़र्नीचर, कुर्सी, मेज़, टेलीफ़ोन, तड़का।

शबानी : *(हँसकर)* पी तो तुमने अब भी रखी है।

सुरजीत : तुम्हें अच्छा नहीं लग रहा?

शबानी : देखते हैं।

सरिता : मेरे पास आने के लिए दारू का सहारा चाहिए। मेरा कोई जज़्बा नहीं, एहसास नहीं, जब बाहर झक मारकर कोई नहीं मिला तो ले-देकर पत्नी चाहिए तुम्हें—कचरा का डिब्बा समझ रखा है या उगालदान...गन्दे।

सुरजीत : तुम हद से बढ़ रही हो सरिता।

शबानी : क्या कहा तुमने?

सरिता : क्या कहा तुमने?

सुरजीत : सरिता।

शबानी : मैंने कहा...

सुरजीत : ओह गॉड।

शबानी : भूल जाओ।

सुरजीत : दिमाग़ ख़राब हो गया है।

शबानी : मेरी तरफ़ देखो।

सुरजीत : मुझे यूँ लगा जैसे वह यहाँ खड़ी है। इस तरह बातें कर रही है जैसे वह किया करती थी।

शबानी : शराबी।

[सरिता हँसती है।]

शबानी : क्या हुआ?

[सुरजीत का सर चकरा रहा है।]

सुरजीत : ओह गॉड!

शबानी : मुझसे शादी करोगे?

सुरजीत : हाँ।

शबानी : प्यार करोगे?

सुरजीत : हाँ।

शबानी : झूठ।

सुरजीत : सच।

शबानी : दग़ा दोगे?

सुरजीत : कभी नहीं।

शबानी : किस तरह प्यार करोगे?

सुरजीत : प्यार की तरह प्यार करूँगा।

शबानी : हो सकेगा तुमसे?

सुरजीत : कोशिश करूँगा।

शबानी : कोशिश करो।

सुरजीत : हाँ।

शबानी : आओ, पकड़ो, जल्दी करो—वक़्त नहीं है।

[वह हँसती है।]

शबानी : लड़खड़ाओ नहीं, गिरो नहीं, सँभलकर—तुम्हें प्यार करना है, पाना है मुझे।

सुरजीत : तुम भाग क्यों रही हो?

शबानी : भाग नहीं रही हूँ, तड़पा रही हूँ।

सुरजीत : मैं तुमसे इसका बदला लूँगा।

शबानी : अगर हाथ लगी तो।

सुरजीत : अभी देखो।

शबानी : देखो।

सुरजीत : मैं यूँ पकड़ता हूँ।

शबानी : अरे जाओ।

सुरजीत : यह लो...।

शबानी : यह गई...।

[वह हँसती है...सरिता भी हँसती है।]

[सुरजीत वाक़ई पागल हो चुका है—बेबस हो चुका है।]

[हाँफ रहा है। लहूलुहान हो चुका है।]

[शबानी उसे टेरेस पर ले जाती है।]

[और ज्यूँ ही वह उसे पकड़ना चाहता है, ख़ुद हट जाती है।]

[और वह उसी तरह गिरता है जिस तरह सरिता इस मंज़िल से गिरी थी।]

[एक चीख़—एक ख़ामोशी।]

[सरिता वापस अपने फ्रेम में जाकर बैठ जाती है।]

[शबानी एक गहरी साँस लेती है।]

[बाबूजी की तरफ़ देखती है।]

[जो वहीं उसी जगह उसका इन्तज़ार कर रहे हैं।]

बाबूजी : आओ सरिता!!!

[शबानी बाबूजी को देखती है, उनकी तरफ़ बढ़ती है।]

[म्यूज़िक]

[परदा गिरता है।]

कागज़ी कार्रवाई

पात्र

आदमी
अफ़सर

आदमी : मैं सात दिनों से मर चुका हूँ।
आप पूछेंगे कि सात दिनों से ही क्यों? अब वक़्त को साथ शामिल करना है तो मैं आपसे पूछता हूँ सात दिनों से क्यों नहीं? फिर मौत एक गम्भीर समस्या है। आदमी ख़ुद को मरा हुआ समझ बैठे। यह हँसी-दिल्लगी की बात तो नहीं—इस फ़ैसले तक पहुँचने के लिए आदमी को एक ज़ेहनी सफ़र तय करना पड़ता है। दर्द की गली से गुज़रकर, ज़िन्दगी से नाता तोड़कर मौत के चौराहे पर पहुँचना पड़ता है। ज़िन्दगी चाहे जितनी बुरी हो, इतनी बुरी तो नहीं कि आदमी ख़ुद को मरा हुआ समझने लगे। और अगर आदमी ख़ुद को मरा हुआ समझने लगे तो उसकी ज़िन्दगी कितनी बेमज़ा, बेमानी और भयानक होगी। इन छोटी-छोटी बेमतलब की बातों को ध्यान में रखकर मैं सात दिनों से ऐलान कर रहा हूँ कि भाई मैं मर चुका हूँ—अब मुसीबत यह है कि कोई इस बात को मानता ही नहीं।
दो रोज़ पहले मैंने अपने दोस्त को पब्लिक टेलीफ़ोन से फ़ोन घुमाया—अब पब्लिक टेलीफ़ोन—आदमी फ़ोन ही घुमा सकता है, और तो कुछ घुमा नहीं सकता—मैंने एक अठन्नी डाली—कोई आवाज़ नहीं, फिर दूसरी अठन्नी और टेलीफ़ोन बॉक्स ने डकार तक न ली, जो कुछ दोस्त से कहना था वह मैं भूल गया—सोचा कि अठन्नियाँ कहाँ से लाऊँगा—अगर अठन्नियाँ नहीं मिलेंगी तो मैं दोस्त से बात नहीं कर सकूँगा। फिर टेलीफ़ोन

कम्पनी कैसे चलेगी। सरकार की हर कम्पनी मुझ जैसे ग़रीब आदमी पर ही तो चलती है। किसी बिरला-टाटा के ज़ोर पर तो चलती नहीं। वह तो टेलीफ़ोन कम्पनी के किसी आदमी को पाँच सौ रुपये महीने के पकड़ा देते हैं, और वह आदमी टेलीफ़ोन घुमाता रहता है, घुमाता रहता है। देहली, श्रीनगर, ढाका, टोकियो, लंदन, न्यूयॉर्क...फ़ोन पर फ़ोन...ख़ैर साहब, अठन्नियाँ लाने के लिए मैंने एक जगह पान खाया, एक जगह सिगरेट ख़रीदी, एक जगह चाय पी—इतनी मुश्किल के बाद जब मेरे दोस्त के घर टेलीफ़ोन की घंटी बजी और मैंने ऐलान किया कि मेरे प्यारे दोस्त तू वह दोस्त है जिसके साथ बचपन में मैंने गिल्ली-डंडा खेला था, पतंग उड़ाई थी, गोटियाँ खेली थीं। तू मेरा ज़िगरी दोस्त है, मेरा असली यार है, तू मेरी बात पर यक़ीन करेगा कि ऐ मेरी जान से प्यारे दोस्त!
"मैं मर चुका हूँ।"
और मेरे दोस्त ने क्या जवाब दिया...?
"अच्छा अच्छा! तुम मर चुके हो..."
अब यह कोई बात हुई—इसी कारण तो मरने को जी चाहता है। मैं ज़िद कर रहा हूँ कि मैं मर चुका हूँ, और वह बोले जा रहा है—अच्छा अच्छा, तुम मर चुके हो—और साहब, जी खट्टा हो गया, और...और...और...!
अब आइए भी! मैं कितनी दफ़ा और...और कहता रहूँगा!

[सरकारी अफ़सर दाख़िल होता है।]

अफ़सर : अब मैंने तुम्हें 'और' कहने को कहा था, और कह दो—मोर...शोर...डोर...ग...ग ग़ौर कह दो।

आदमी : आप तो कमाल करते हैं। ऐसे कैसे कुछ भी कह सकता हूँ—हर लफ़्ज़ का मतलब होता है।

अफ़सर : तुम पुराने वक़्तों की बात तो नहीं कर रहे हो न?

आदमी : जी नहीं, मैं आज की बात करता हूँ, दो साल पहले, दो साल बाद की, बिलकुल अभी की।

अफ़सर : तुम आदर्शवादी हो?

आदमी : जी नहीं, सीधा-सादा आदमी हूँ, नागरिक हूँ, इस महान देश का जिसे बहुत से लोग भारत कहते हैं और अपनी जागीर समझते हैं।

अफ़सर : तुमने एक समस्या खड़ी कर दी है, तुम इस तरह के सवाल उठाओगे तो कैसे चलेगा?

आदमी : यानी?

अफ़सर : लफ़्ज़ 'यानी' भी बोलते हो...!

आदमी : मानी?

अफ़सर : मानी पूछते हो।

आदमी : कारण क्या है आख़िर?

अफ़सर : कारण—लफ़्ज़ भी जानते हो। ख़तरनाक आदमी लगते हो तुम—तुम कोई टंटा खड़ा करोगे, बुरा होगा तुम्हारे लिए। धर लिये जाओगे।

आदमी : वजह?

अफ़सर : अरे भाई, मत बोलो ऐसे अल्फ़ाज़—यानी, मानी, कारण, वजह, नर्वस ब्रेक डाउन हो जाएगा। ये लफ़्ज़ ख़ारिज हैं आजकल, बोले नहीं जाते, यानी बोलने नहीं दिए जाते। उन पर कालिख पोत दी गई है। ऑर्डर पास हो गया है—जनता मान चुकी है... अब...अब...तुम मेरा जीना दूभर करने कहाँ से चले आए?

आदमी : मैं हाथ जोड़ता हूँ, आपके पाँव पड़ता हूँ, अनजाने में कोई भूल हो गई हो, अपना बन्धु समझकर, दया करके मुझे समझा दीजिए। आप सरकारी कुर्सी पर विराजमान हैं। जानकारी रखते हैं। आख़िर क्या भूल हुई है मुझसे?

अफ़सर : सबसे बड़ी भूल यह हुई है कि तुम इस देश में पैदा हुए हो।

आदमी : आइंदा पैदा नहीं हूँगा।

अफ़सर : बात यहीं ख़त्म नहीं हो जाती—पैदा हो चुके हो—पैदा हो चुके हो और कुछ जानते नहीं। कितने आन्दोलन हुए हैं, कितनी तब्दीलियाँ, कितनी सरकारें बदली हैं—तुम्हें ख़बर ही नहीं— ख़बर नहीं तो तुम्हें ख़बर दिलानी होगी। ध्यान से सुनो पहले एक लफ़्ज़ हुआ करता था—भाषाकोश में 'रोटी'।

आदमी : हाँ, हुआ करता था।

अफ़सर : इसका कुछ मतलब हुआ करता था।

आदमी : हुआ करता था।

अफ़सर : कपड़ा।

आदमी : हाँ।

अफ़सर : मकान।

आदमी : जी हाँ।

अफ़सर : आज़ादी।

आदमी : सुना हुआ लगता है।

अफ़सर : भूख।

आदमी : किसी ख़ौफ़ का नाम है।

अफ़सर : अब यह नाम और इस तरह के अल्फ़ाज़ नए केन्द्रीय नोटिस के अनुसार भाषाकोश से निकाल दिए गए हैं, इनका कुछ मतलब नहीं, अब तुम रोटी बोलोगे तो तुमको रोटी मिलेगी?

आदमी : बिलकुल नहीं।

अफ़सर : घर?

आदमी : किसी अनदेखे सपने का नाम है।

अफ़सर : आज़ादी लफ़्ज़ का उच्चारण कर सकते हो?

आदमी : बिलकुल नहीं जी, मुझे इस लफ़्ज़ से क्या लेना-देना? यह तो मन-गढ़ंत लफ़्ज़ है। कुछ बुद्धिजीवी, कुछ शायरों, कुछ लेखकों का—आज़ादी बोलकर कौन ज़ंजीर पहनेगा।

अफ़सर : हाँ, यह बात है।

आदमी : मैं चलता हूँ।

अफ़सर : आए थे किसलिए?

आदमी : कुछ नहीं, बस समझिए—ऐसे ही, बस भूल हो गई।

अफ़सर : घबराओ नहीं। बोलो...बोलो।

आदमी : जब लफ़्ज़ों का कोई मतलब नहीं तो बोलने से फ़ायदा?

अफ़सर : देखो, जब ज़िन्दगी का कोई मतलब ही नहीं, फिर भी हम लोग ज़िन्दा हैं न?

आदमी : हाँ जी...बात तो ठीक है, बिलकुल ठीक है। जब ज़िन्दगी का कोई मतलब नहीं तो फिर भी हम ज़िन्दा हैं, बिलकुल ठीक है, आप अवश्य मेरी सहायता कर सकते हैं।

अफ़सर : कहो!

आदमी : सरकार, मैं सात दिनों से मर चुका हूँ।

अफ़सर : हूँ।

आदमी : बस, आप काग़ज़ पर दस्तख़त कर दीजिए ताकि तस्दीक हो जाए और मेरी जान इस जान से छूट जाए।

अफ़सर : इसके लिए मुझे कार्रवाई करनी पड़ेगी।

आदमी : काग़ज़ी कार्रवाई?

अफ़सर : देखो, अब ऐसा तो नहीं होता न कि आपने कह दिया कि आप मर चुके हैं और हमने मान लिया? आख़िर काग़ज़ी कार्रवाई

भी तो कोई चीज़ होती है। हम को खानापूरी करनी पड़ती है। दस तरह के फ़ार्म सरकार छापती है। नीले, हरे, भूरे, सफ़ेद जो बाद में हमें काले करने पड़ते हैं।

आदमी : लेकिन मैं मर चुका हूँ।

अफ़सर : कैसे मर सकते हैं जी, कोई खेल है। बाबाजी का राज है। यहाँ किसी नागरिक का एक्सिडेंट होता है तो उसको साबित करना पड़ता है। और आप मरने की बात करते हैं।

आदमी : यानी?

अफ़सर : यानी, यानी बोलकर तुम मेरी नौकरी छुड़वाओगे, अभी-अभी पाँच हज़ार रुपये नक़द देकर इस डिपार्टमेंट में तबादला करवाया है।

आदमी : मैं कहाँ आ गया हूँ?

अफ़सर : यह जानता तो आज ज़िन्दा न बचता।

आदमी : मुझे अपने लफ़्ज़ों पर ऐतबार नहीं रहा।

अफ़सर : लाइन पर आ गए हो।

आदमी : कानों में सनसनाहट हो रही है।

अफ़सर : सही जा रहे हो, अब सुनो! आपका एक्सिडेंट हुआ है और आप मरने वाले हैं और आप चिल्ला रहे हैं—डॉक्टर को बुलाओ—एक बेवकूफ़ आदमी दौड़ा हुआ किसी प्राइवेट डॉक्टर के पास जाता है। डॉक्टर कहता है, 'एक्सिडेंट का केस है, मैं हाथ नहीं लगाता।' आदमी कहता है, मरीज़ मरने वाला है। डॉक्टर कहता है कि मुझे नई डिस्पेंसरी ख़रीदनी है। चार लाख रुपये चाहिए—आदमी भागा हुआ मरीज़ के पास आता है और कहता है कि तुमको सरकारी अस्पताल ले चलता हूँ। मरीज़ चिल्लाता है कि सरकारी अस्पताल मत ले चलो, वह अस्पताल नहीं है, कसाईघर है—वहाँ मरीज़ का इलाज नहीं होता कि आपने कह दिया कि मुझे जसलोक के रूम नम्बर 36 में भऱती करा दो—36 इसलिए कि 9 नम्बर लकी होता है। जब आप जानते हैं कि जसलोक का हर कमरा अरब लोगों से भरा हुआ है, आप सड़क के किनारे पड़े रहिए। एक्सिडेंट की ख़बर पुलिस को पहुँचेगी, वह काग़ज़ी कार्रवाई करेगी—हवलदार पूछेगा, क्या हुआ? एक्सिडेंट हुआ? काहे को? क्या मालूम! मालूम नहीं तो वह काहे को किया? आदमी मर रहा है—नाम क्या है? रहता कहाँ है? उम्र कितनी है? हिन्दू है कि मुसलमान? दारू

पीने वाला है? जेब में घूस देने के लिए पैसे हैं? घड़ी? क़ीमती है। सोने की अँगूठी? अगर आपकी क़िस्मत अच्छी है तो आप काग़ज़ी कार्रवाई के बीच मर चुके हैं। अगर क़िस्मत ख़राब है तो कोई बेवकूफ़ आपको सरकारी अस्पताल ले जाएगा।

आदमी : वहाँ क्या होगा?

अफ़सर : वहाँ क्या होगा, जैसे कुछ जानते ही नहीं, क्या होगा? सज़ा-ए-मौत सुनाई जाएगी।

आदमी : इससे तो अच्छा होता कि वह मूर्ख उस आदमी को मरने के लिए वहीं छोड़ देता और आदमी धीरे-धीरे मर जाता, इससे न तो डॉक्टरी पेशा बदनाम होता, न सरकारी अस्पताल और न ही पुलिस डिपार्टमेंट।

अफ़सर : फ़िक्र न करो, कुछ दिनों की बात है—महीनों की, सालों की—सारे सम्बन्ध टूट जाएँगे। आदमी जहाँ चाहे और जब चाहे बिना किसी रुकावट के गुमनाम मरते रहेंगे।

आदमी : बहुत कुशल आदमी लगते हैं आप। मेरी फ़ाइल चला दीजिए, कितना समय लगेगा? कब आप मुझे निपटा सकेंगे?

अफ़सर : समय तो लगेगा—पहले मुझे यह साबित करना होगा कि तुम ज़िन्दा थे। तुम्हारी शिनाख़्त ढूँढ़नी होगी। तुम्हारा नाम, पता, दो गवाह जब तक न मिल जाएँ हम यह साबित नहीं कर सकते कि तुम ज़िन्दा थे। और जब हम यह साबित नहीं कर सकते कि तुम ज़िन्दा थे तो यह भी साबित नहीं कर सकते कि तुम मर चुके हो। फिर वही दो गवाह यह साबित करें कि तुम मर चुके हो। इसलिए पहले पंचनामा तैयार करना होगा, गवाहों के दस्तख़त लेने होंगे, आख़िर में मैं दस्तख़त करूँगा। फिर तस्दीक़ होगी, फिर तुम मरे हुए क़रार दिए जाओगे। फिर तुम्हारी जान इस जान से छूट सकेगी।

आदमी : यह सब कैसे होगा?

अफ़सर : फ़िक्र न करो, यह हमारे डिपार्टमेंट का काम है।

आदमी : कब तक हो जाएगा?

अफ़सर : किसी ज्योतिषी के पास जाओ, या प्रार्थना करो, धरम का रास्ता इख़्तियार करो।

आदमी : और कोई रास्ता नहीं?

अफ़सर : कोई रास्ता ढूँढ़ो, घूम-फिरकर वहीं आ जाओगे।

आदमी : कब तक?

अफ़सर : एक बात याद रखो, इतने सवाल न किया करो। किसी आदमी को तुम पर शक हो सकता है।

आदमी : मैं...मैं...न मरा हूँ, न ज़िन्दा...न सम्बन्ध, न ताल्लुक़, कटा हुआ वातावरण से, लोगों से, दोस्तों से—इकाई की तरह—शून्य... मैं त्रिशंकु की तरह दोनों दुनिया से बाहर।

अफ़सर : क्यों भूलते हो, तुम इस जनता-जनार्दन का एक हिस्सा हो, इस भीड़ की इकाई हो, इस बहते हुए समंदर का एक क़तरा हो, सब के साथ।

आदमी : मैं आपके हाथ जोड़ता हूँ, जल्दी फ़ैसला कर दीजिए, जल्दी से गवाह ढूँढ़िए, जल्दी से मालूम कीजिए कि मैं ज़िन्दा था, मेरी शिनाख़्त, मेरा नाम...।

[फ़ेड आउट]

[फ़ेड इन]

[मुनादी होती है। लोग भूत-प्रेतों की तरह बाहर निकलते हैं। हर शख़्स आदमी को देखता हुआ आगे बढ़ जाता है। कोई पहचानता नहीं इसे।]

डौंड़ीवाला : ऐ नगरवासियो! ध्यान से सुनो, मैं सरकारी आदमी हूँ, सरकार के बनाए हुए नए-नए विधान पास होकर मेरे पास आते हैं और मैं डौंड़ी पीटकर तुम तक पहुँचाता हूँ। मेरी आवाज़ सुनकर सन्नाटा छा जाता है, परिंदा पर नहीं मारता, कोई हरकत नहीं कर सकता, क्योंकि मेरे पीछे हुकूमत है, गोली-बारूद है, लाठियाँ हैं, जेलें हैं। मैं सज़ा सुनाता हूँ—मौत का ऐलान करता हूँ—मौत का फ़रिश्ता मेरा लँगोटिया यार है, ज़िन्दगी मुझसे काँपती है। हुक्म अल्लाह का—मर्ज़ी मेरी—सुनो, ग़ौर से सुनो, यह शहरी अपने आप को मरा हुआ बताता है और सरकारी अफ़सर तब तक काग़ज़ पर दस्तख़त नहीं कर सकता जब तक पंचनामा पर गवाह दस्तख़त न करें। जो आदमी इसे पहचानता है वह आगे बढ़े। पहले यह साबित करना है कि यह आदमी है, इसकी कोई शिनाख़्त है, और यह भी मुमकिन है जब दो शहरी हलफ़ उठाएँ कि यह ज़िन्दा था और फिर वही दो शहरी पंचनामे पर दस्तख़त करें कि यह मर चुका है, इस तरह यह रुकी हुई कार्रवाई आगे बढ़ सकती है। सरकारी अफ़सर काग़ज़

पर दस्तख़त करता है, और इस शहरी की जान इस जान से छूट सकती है। हुक्म अल्लाह का, राज मेरी सरकार का...

[मुनादी करने वाला निकल जाता है, लोग भी एक-एक करके हट जाते हैं। शहरी रुआँसा होता है।]

[सरकारी अफ़सर आता है।]

अफ़सर : अब बताओ, मैं तुम्हारी मदद कैसे कर सकता हूँ। कई चौराहों पर तुम्हें ले जाया गया है, डौंड़ी पिटवाई। और तो और गाँवों, क़स्बों, जंगलों, यहाँ तक कि पहाड़ों पर भी आदमी भेजे गए हैं—दो आदमी, सिर्फ़ दो आदमी दरकार हैं जो हमें तुम्हारा नाम, पता बता दें। सिर्फ़ इतना कह दें कि वह तुम्हें जानते हैं, झूठ ही कह दें, दस्तख़त कर दें, मैं फ़ौरन बिना देखे-भाले दस्तख़त कर दूँगा और तुम मरे हुए क़रार दिए जाओगे, लेकिन खानापूरी किए बग़ैर, काग़ज़ी कार्रवाई के बग़ैर यह ना-मुमकिन है।

[आदमी रोने के अन्दाज़ में कहता है, जैसे उसे कोई दिमाग़ी तकलीफ़ हो, बहुत अज़ीयत हो।]

आदमी : मैं क्या करूँ। कोई बताए मैं क्या करूँ। मैं सौगंध खाकर कहता हूँ, मैं इस देश में पैदा हुआ हूँ। कोई यक़ीन क्यों नहीं करता—कुत्ते-बिल्ली का भी वजूद होता है, कीड़े-मकोड़े भी यहाँ बसते हैं। मेरा वजूद क्यों नहीं है, मेरे हाथ-पाँव हैं, आँखें हैं, चेहरा है, साँस लेता रहा हूँ। स्कूल-कॉलेज में गया हूँ। वोट डाला है, नेशनल एंथम गाया है। फिर भी मेरी कोई शिनाख़्त नहीं—कुत्ते-बिल्ली से भी गई-गुज़री है मेरी ज़िन्दगी। कोई आदमी ही नहीं, कोई रिश्तेदार नहीं, दोस्त-साथी, हमराही, पड़ोसी, इस देश का, दूसरे देश का हमदर्द, यह कहे कि मैं आदमी हूँ किस शून्य में, कौन-सा चक्रव्यूह है यह, कैसी बस्ती है—कोई आवाज़ नहीं देता, कोई बुलाता नहीं। कोई आवाज़ दे, कोई पुकारे, कोई मेरा नाम लेकर मुझे पुकारे—हार गया हूँ, कोई रहम करे, दया करे मुझ पर, मैं थक गया हूँ—बहुत थक गया हूँ—देखो, मैं ज़िन्दा रहने का कोई कारण नहीं पूछ रहा हूँ। मैं एक मरा हुआ शख़्स हूँ। सरकारी अफ़सर की मदद करो,

पंचनामा तैयार कर दो, मेरी खुलासी करा दो, मैं बिना शिनाख़्त के नहीं जी सकता, मुझे बिना शिनाख़्त के मर जाने दो।

[वह बेइख़्तियार रो पड़ता है।]

अफ़सर : यह तुम अच्छा नहीं कर रहे हो।

आदमी : क्या?

अफ़सर : यह...यह...जो कर रहे हो।

आदमी : क्या कर रहा हूँ?

अफ़सर : रिएक्ट कर रहे हो।

आदमी : इसमें क्या बुराई है?

अफ़सर : हमें इस तरह के नागरिक नहीं चाहिए, जो सोचें अपने बारे में सोचें...

आदमी : मैं तो सिर्फ़ रो रहा हूँ।

अफ़सर : रोना एक प्रकार की प्रतिक्रिया है, यह बहुत बुरा है। इस तरह के दस-बीस, पचास-सौ नागरिक एक साथ मिल जाएँ तो विद्रोह खड़ा हो सकता है।

आदमी : आपको कैसे नागरिक चाहिए इस बस्ती में?

अफ़सर : तुम जैसे ही—बस वह किसी तरह की प्रतिक्रिया न करें, सोचें नहीं, आवाज़ न दें, अपने बारे में न सोचें, बल्कि सोचने की क्रिया छोड़ दें, खो दें। और रोना मना है इस बस्ती में—देश के वासी समझेंगे यह 'शहर-ए-अफ़सोस' है, मातमघर है, काफ़्का का कोई अपने पास है, इसलिए रोना ग़ैर-क़ानूनी है।

आदमी : और हँसना! हँसने के बारे में कोई विधान पास नहीं हुआ?

अफ़सर : इन हालात में, इस बस्ती में, जबकि यह सब कुछ चल रहा है। किसी की हिम्मत है कि वह हँस सके। यह अधिकार मुल्क के गिने-चुने शहरियों को दिए गए हैं, ऐसे ही जैसे कुछ साल पहले पद्मश्री और पद्म भूषण दिए जाते थे, यानी कुछ लीडर, कुछ पूँजीपति, कुछ फ़िल्म स्टार और स्मगलर ही हँस सकते हैं—बाक़ी लोगों से यह अधिकार छीन लिया गया है।

आदमी : फिर क्या किया जाए?

अफ़सर : सरकार ने नए-नए खेल ईजाद किए हैं, बस यह खेल खेलो।

आदमी : खेल! इस बस्ती में खेल...इन हालात में खेल! कौन-सा खेल?

अफ़सर : चोर-सिपाही का, यह लेटेस्ट, बिलकुल नया खेल है। इससे चोर को पता नहीं चलता कि वह चोर है। वह खेलते-खेलते

हँसते हुए काम आ जाता है, खेल खेलो, मैं कहता हूँ खेल खेलो, चोर-सिपाही का खेल—

[सब सरकारी अफ़सर की तरफ़ देखते हैं।]

एक : कोई चाल तो नहीं सरकार की?

दूसरा : हमें फँसाने के लिए कोई जाल फेंका गया है?

तीसरा : साज़िश है हमें गिरफ़्तार करने की?

चौथा : मुझे शक़ है, कई बरसों से सरकार नए-नए खेल ईजाद कर रही है।

पाँचवाँ : कभी आईना दिखाकर गिरफ़्तार करती है।

छठा : कभी स्याह तख़्ता।

सातवाँ : और कहीं कोई काग़ज़ दिखाकर आज़ादी छीन लेती है।

अफ़सर : इस तरह अपनी सरकार पर शक़ करना अच्छा नहीं है। यह देश-भक्ति नहीं है, यह आपकी फ़ितरत में भी नहीं है कि आप अपने नेता लोगों को शक़ की निगाहों से देखें, त्रुटियाँ कुछ, कहीं, तो किसमें त्रुटियाँ नहीं हैं, आपमें नहीं? कोई आदमी कह सकता है कि उसमें कोई ख़राबी नहीं है। आप जानते हैं कि हमारे नेता इस देश की बागडोर सँभाले हुए हैं, कितनी ज़िम्मेदारियाँ हैं उन पर, अगर वह इस देश की कुर्सी पर विराजमान न होते तो जानते हैं क्या होता आपके देश का? शत्रु हमला कर देता, सदियों की ग़ुलामी के बाद हासिल की हुई आज़ादी मिनटों में आपसे छीन ली जाती, फिर अगर वह थोड़ा-बहुत काला धंधा करते हैं या कराते हैं, रिश्वत लेते हैं या दिलवाते हैं तो क्या हुआ, आख़िर वह अपने देशवासी हैं, पैसा देश के बाहर तो नहीं जाता, आपके देश में ही रहता है। थोड़ा-बहुत स्विस बैंक जाता भी है तो वह कितनी हिफ़ाज़त से जाता है। आपका यह प्रजातंत्र जिस पर आपको इनता मान है, इन देश-सेवकों की वजह से बचा हुआ है, नहीं तो दूसरे देशों की तरह मिलिट्री हुकूमत करती आप पर, हंटर बरसाती, चौराहों पर गोली-बारी करती। मैं दावे से कहता हूँ कि प्रजातंत्र की गोली-बारी, मिलिट्री की गोली-बारी से कहीं अच्छी है। मान लेना, सह लेना, सिर झुकाना ही आपको अच्छा लगता है, यही करते आए हैं आप, यही आपकी परम्परा रही है, यही आपकी विरासत है। भाई-भाई से झगड़ना, एक-दूसरे को धोखा देना, साज़िश करना—अतीत

में हमेशा हर मक़ाम पर घर का भेदी लंका ढाता आया है। ग़द्दारी आपके ख़ून में ही रची-बसी है। इसलिए विदेशी आप पर हमले करते रहे हैं और आप बँटवारे करते रहे हैं, आपस में लड़ते रहे हैं, बिकते रहे हैं दुश्मनों के हाथों, किस बात का गुरूर है? मान है आपको? माज़ी, अतीत पुरखों की परम्परा की रट लगाना छोड़िए, ग़द्दारी को अपनाइए, यही आपका पेशा है। बादशाहों के राज में आप सिर झुकाते थे। फिर अंग्रेज़ों के राज में, आपने सरकार को माईबाप कहा। आज अपने लोगों की ग़ुलामी में आपको क्या शर्म है, इसीलिए कहता हूँ कि चोर-सिपाही का खेल खेलिए, यह हर बीमारी का इलाज है, टिंग-टिंग।

[सब खेलते हैं, जोड़े बनते हैं। एक चोर बनता है, दूसरा सिपाही—चोर आगे दौड़ता है, सिपाही पीछे—सिपाही के हाथ में रस्सी का एक टुकड़ा है, पहले वह अखाड़ा बनाते हैं, एक जोड़ा खेल शुरू करता है।]

एक : मैं चोर, तू सिपाही।
दूसरा : तू चोर, मैं सिपाही।
पहला : मैं आगे भागता हूँ, तू पीछा कर।
दूसरा : मैं पीछा करता हूँ तू आगे भाग।
पहला : गली-मोहल्ले में।
दूसरा : सड़कों पर।
पहला : पगडंडियों पर।
दूसरा : नदी-नालों पर।
पहला : पहाड़ी रास्तों पर।
दूसरा : जंगलों में।

[अब दो-दो आदमी ग्रुप बनाकर खेलते हैं, पैंतरे बदलते हैं, कबड्डी की तरह दाँव-पेच खेलते हैं। 'खो-खो' की तरह एक-दूसरे को छूने की कोशिश करते हैं।]

एक चोर : *(हँसता है)* मैं चोर नहीं।
दूसरा चोर : मैं ख़ुश हूँ कि मैंने सिपाही को अपने पीछे लगा रखा है।
तीसरा चोर : मुतमइन हूँ कि गिरफ़्तार नहीं हो सकता।
चौथा चोर : मुझे यक़ीन है कि इस खेल में गिरफ़्तारी के बाद कोई सज़ा नहीं।

[दो-तीन चोर हँसते हैं।]

पाँचवाँ चोर : इस खेल में हँसी-ख़ुशी वक़्त कट रहा है।

[अब चोर गिरफ़्तार होते हैं। आगे-आगे सिपाही और पीछे-पीछे रस्सी में बँधे हुए चोर, सब क़तार में चलते हैं। सरकारी अफ़सर अपने तीन-चार सरकारी आदमियों के साथ आता है। सिपाही उनके सामने चोरों की परेड कराते हैं। अब चोरों के सिर झुके हुए हैं। वे थक चुके हैं, निढाल हैं, ज़ख़्मी हैं, उनमें ज़िन्दगी की कोई रमक नहीं, कोई लगन नहीं, कोई उम्मीद नहीं, डौंड़ी पीटने वाला ऐलान-नामे से गरदान करता है। एक-एक पंचनामा तैयार करता है। पहला सिपाही चोर को लेकर आगे बढ़ता है।]

डौंड़ीवाला : नाम—ज़रूरत नहीं।
पैदाइश—ज़रूरी नहीं।
मज़हब—गुंजाइश नहीं।
जुर्म—कोई नहीं, छह माह की क़ैद बामशक़्क़त।

[दो गवाह दस्तख़त करते हैं। सरकारी अफ़सर दस्तख़त करता है। सिपाही चोर को ले जाता है। दूसरा सिपाही चोर को लिये आगे आता है।]

डौंड़ीवाला : पैम्फ़लट बाँटते हुए पकड़ा गया, एक साल की सज़ा।

[पहले जैसी कार्रवाई]

डौंड़ीवाला : भाषण देते हुए गिरफ़्तार हुआ, दो साल की सज़ा...

[कागज़ी कार्रवाई]

डौंड़ीवाला : विद्यार्थी है, सोचता है—चेग्वारा की किताबें पढ़ता है, नक्सलवादी है। इसको एक बार और चोर-सिपाही का खेल खेलना होगा। यह किसी जंगल, किसी टेकरी, किसी टीले पर ले जाया जाएगा और गोली का शिकार होगा। अख़बारों में बयान छपेगा कि पुलिस के साथ ख़तरनाक नक्सलवादी की मुठभेड़, नक्सलवादी मारा गया।

अफ़सर : किसी बात को रूटीन नहीं बनाना चाहिए। खेल का मज़ा जाता रहता है। इस शहरी को दो मीटर विदेशी कपड़ा पकड़ा दो और इसका फ़ोटो ले लो।

[उसके हाथ में विदेशी कपड़ा दिया जाता है, और फ़ोटो लिया जाता है।]

अफ़सर : अख़बार में फ़ोटो छपवा दो, सुर्ख़ी होगी—
देश का ख़तरनाक स्मगलर गिरफ़्तार, मीसा लागू किया गया। बिना मुक़दमा यह शहरी जेल में डाल दिया जाएगा, ताकि इस देश में कभी दुबारा कोई स्मगलर न बने।

[उसके लिए पंचनामा तैयार होता है, एक सरकारी आदमी आगे आता है।]

सरकारी आदमी : कैसा चल रहा है?

[बाक़ी किरदारों का टेबलू बन जाता है।]

अफ़सर : अरे क़ाज़ी आलीशान साहब! आप यहाँ...! हमें हुक्म देते, हम आपके DEN पर हाज़िर होते।

आदमी : बस ऐसे ही ड्राइव पर निकला था, वह जो नई कार ली है न! मैंने, ट्राई मारनी थी।

अफ़सर : ठीक है न।

आदमी : बस, साली तेज़ बहुत भागती है। यहाँ की ट्रैफ़िक में थोड़ा वांदे का काम है।

अफ़सर : आपको क्या लेना-देना, ट्रैफ़िक के ऊपर से चलाया कीजिए, चीफ़ मिनिस्टर को कहकर प्राइवेट सड़क बना लीजिए, या फिर हेलीकॉप्टर ले लीजिए, हमें भी ऊपर से शहर देखने को मिल जाएगा।

आदमी : साला अपनी बात ज़रूर बीच में लाएगा।

अफ़सर : आपका खाते हैं।

आदमी : और पीते भी हैं, साला स्कॉच तो ऐसे पीते हैं आप लोग जैसे मूश बाल्टी का पानी पीता हो।

[सरकारी अफ़सर हँसता है।]

आदमी : और हमारा काम?

अफ़सर : पिछली मीटिंग में जो एजेंडा आपके साथ तय हुआ था, लागू कर दिया गया है। सब वही है, बराबर चल रहा है।

आदमी : फेर-फार तो नहीं हो रहा है?

अफ़सर : हिम्मत है किसी में क़ाज़ी साहब! क़ाज़ी साहब *(हँसकर)* वह इलेक्शन आ रहा है।

आदमी : मालूम है अपने को...

अफ़सर : बस कुछ रक़म...।

आदमी : कुत्ता लोग हो तुम, बात-बात पर माल चाहिए तुम लोगों को।

अफ़सर : यह छोटी बात नहीं, इलेक्शन है, हमारी पार्टी आनी चाहिए नहीं तो...।

आदमी : अरे मेरे को मत समझाओ, जो पार्टी आती है पैसा मेरे से ले जाती है। अख़बारों में गाली देती है कि मैं स्मगलर हूँ, स्मगलिंग ख़त्म होनी चाहिए—और इलेक्शन के टाइम पर माल मुझसे माँगती है।

अफ़सर : प्रजातंत्र है क़ाज़ी साहब, इलेक्शन ज़रूरी है। वोट मिलने चाहिए और वोट ख़रीदे न जाएँ तो पार्टी कैसे जीत सकती है। पब्लिसिटी भी करनी होती है उम्मीदवार की।

आदमी : क्या साला तुम लोग का प्रजातंत्र है, स्मगलर के पैसों से इलेक्शन जीतते हो, जीतने के बाद लोगों का पैसा लूटते हो, तुम लोग तो हमसे भी बुरे हो।

अफ़सर : राजनीति है क़ाज़ी साहब।

आदमी : तुम्हारी राजनीति की...ठीक है, भेजना उस अपने चीफ़ मिनिस्टर को, मेरे को भी थोड़ा काम है उससे।

[वापस अपनी जगह जाने लगता है। सरकारी अफ़सर जैसे उसे छोड़ने को जा रहा है, पीछे कुछ आदमी मेज़ लगाते हैं, व्हिस्की की एक बोतल रखते हैं, सिवाय सरकारी आदमियों के बाक़ी सब निकल जाते हैं।]

अफ़सर : क़ाज़ी साहब, बहुत दिनों से आपकी स्कॉच नहीं पी।

आदमी : इधर आके साला मैंने बहुत ग़लती की।

[सरकारी अफ़सर बेशर्मी से हँसता है। दो-एक लड़कियाँ दाख़िल हो चुकी हैं। वह म्यूज़िक पर नाचती हैं। सरकारी अफ़सर और सरकारी आदमी दोनों पलटते हैं। उनको

व्हिस्की के गिलास दिये जाते हैं। सरकारी अफ़सर एक लम्बा घूँट लेता है, एक लड़की उसके पास आती है।]

लड़की : पप्पा, मैं भी पियूँगी।

अफ़सर : बेटी, क्या बोल रही हो?

लड़की : सभी तो पीते हैं।

अफ़सर : मानी...!

लड़की : हाँ, हम फ्रेंड्स लोग कॉलेज में, हॉस्टल में, लॉन्ग ड्राइव पर जब जाते हैं तो सभी पीते हैं।

अफ़सर : कब से चल रहा है?

लड़की : जब से आपको प्रमोशन मिली है, जब से आप घर में देर से आते हैं, या नहीं आते, जब से आप मिसेज़ पार्थसारथी के यहाँ से फ़ोन करते हैं।

अफ़सर : और...और कुछ तो नहीं करते।

लड़की : जैसे आप कुछ जानते ही नहीं।

अफ़सर : तो तुम्हारी शादी कैसे होगी?

लड़की : एक फ़ोन, पप्पा, आपका एक फ़ोन, आप किसी बेवकूफ़, बदसूरत लड़के को चुनेंगे, जो बहुत अमीर होगा, उसके बाप को एक सरकारी कॉन्ट्रैक्ट मिलेगा। उसी शाम मेरी शादी हो जाएगी।

अफ़सर : *(अपने साथियों से)* कितनी होशियार है मेरी बेटी।

आदमी : आख़िर बेटी किसकी है।

अफ़सर : अच्छा हुआ याद दिला दिया बेटी—मिनिस्ट्री के काम में मैं तो बिलकुल भूल गया था कि मेरी बेटी जवान हो गई है। मुझे कोई बहुत बड़ा कॉन्ट्रेक्टर देखना होगा कि उसका लड़का बिलकुल जाहिल हो, ताकि शादी के बाद तुम्हारी आज़ादी में किसी तरह की रुकावट न डाले।

लड़की : आप मेरा कितना ख़याल रखते हैं। आई लव यू पापा! *(उसे चूमती है।)*

अफ़सर : बेटी, एक एहसान मुझ पर ज़रूर करना।

लड़की : श्योर पापा!

अफ़सर : देखो, जब भी व्हिस्की पीनी हो तो किसी चीज़ में मिलाकर पीना, थम्स-अप...

लड़की : हैप्पी डेज़ आर हिअर अगेन। टिंग टंग।

अफ़सर : और प्रिकॉशन ज़रूर लेना बेटी, बच्चे-वच्चे...अख़बार वाले हम लोगों के पीछे पड़े रहते हैं, किसी तरह का स्कैंडल मेरी नौकरी को ख़तरे में डाल सकता है।

लड़की : ओह, डू नॉट वरी पापा, आई विल नेवर एम्बैरेस यू।

अफ़सर : थैंक यू माई डार्लिंग।

लड़की : यू आर वेलकम पॉप!!

अफ़सर : अच्छा अब तुम जाओ, हमें ज़रा ज़रूरी बातें करनी हैं।

लड़की : सॉरी।

[वह जाती है।]

अफ़सर : सॉरी, अब ज़रा सा काम भी हो जाए।

आदमी : ऑफ़कोर्स...ऑफ़कोर्स...

अफ़सर : मैंने आज आप सब लोगों को इसलिए तकलीफ़ दी है कि आज हमें पूरा ब्योरा तैयार करना है। ख़ास हालात में जो हमने चोर-सिपाही का खेल शुरू किया था उसका क्या हाल है? नतीजा क्या निकला उसका? रिपोर्ट, तैयार हुई या नहीं?

[एक आदमी फ़ाइल देखता है और कहता है।]

आदमी : मुझे यह रिपोर्ट करते हुए बहुत ख़ुशी होती है कि नतीजा ख़ातिरख़्वाह निकला है। मेरे प्यारे दोस्त बड़े अफ़सर इस बात की गवाही देंगे कि हम हर तरह से कामयाब रहे हैं, और मैं इस मौक़े पर अपने फ़र्ज़ से कोताही करूँगा अगर मैं बड़े अफ़सरान के डिपार्टमेंट और उनके आदमियों का शुक्रिया अदा न करूँ। उन्होंने जिस फ़र्ज़ शनासी का सबूत दिया है, वह सुनहरे लफ़्ज़ों में लिखे जाने के क़ाबिल है।

एक : हियर, हियर...!

[सब तालियाँ बजाते हैं।]

अफ़सर : यह हमारा फ़र्ज़ था जो हमने अदा किया।

[सब तालियाँ बजाते हैं।]

अफ़सर : पॉलिटिकल रिपोर्ट क्या कहती है?

आदमी : बिलकुल यही कहती है, हर्फ़-ब-हर्फ़, हालात बहुत साज़गार हैं। यह खेल ख़ूब खेला गया। शहरों, क़स्बों, गाँवों, जंगलों,

नदी-नालों में, पहाड़ों पर, हर जगह बहुत कामयाब रहा।

एक : हर घर से एक आदमी ग़ायब कर दिया गया।

दूसरा : फिर वह नासमझी का बहाना करते रहे।

तीसरा : गुमशुदा आदमी को गुमशुदा समझते रहे।

चौथा : धीरे-धीरे हर रिश्ते से इनकार करते रहे।

पहला : क़ौल व क़रार जैसे लफ़्ज़ों को बोलचाल की ज़बान से बाहर कर दिया गया।

दूसरा : शहरों के चौराहों पर सन्नाटा छा गया।

तीसरा : हर आदमी दूसरे को शक की निगाहों से देखने लगा है कि कोई आईना लेकर तो नहीं घूम रहा है, कोई सियाह तख़्ती—

चौथा : लोग बहरूपिये हो गए हैं।

पहला : स्वाँग रचाने लगे हैं।

दूसरा : चूना-मिट्टी पोतकर घूमने लगे हैं।

अफ़सर : और वह लेफ़्टिस्ट पार्टी, कम्यूनिस्ट पार्टी...!

[सब हँसते हैं।]

चौथा : अब इस देश में छह कम्यूनिस्ट पार्टियाँ हो गई हैं।

पहला : नेशनल कम्यूनिस्ट पार्टी।

दूसरा : प्रान्तीय कम्यूनिस्ट पार्टी।

तीसरा : आधी क्रान्तिकारी कम्यूनिस्ट पार्टी।

चौथा : दो बटा तीन कम्यूनिस्ट पार्टी—आज वह आपस में झगड़ रहे हैं कि असल कम्यूनिस्ट पार्टी कौन-सी है? अब उन्होंने नेशनल कॉन्फ्रेंस बुलवाई है इस बात का फ़ैसला करने के लिए।

पहला : और जो बुद्धिजीवी, लेखक, कवि लोग थे उनमें...उनको हमारी सरकारी कमेटी का मेम्बर चुन लिया गया है।

दूसरा : रेडियो पर।

तीसरा : टीवी पर।

चौथा : कल्चरल कमेटी में।

पहला : नेशनल फ्रंट में।

दूसरा : सेकुलर कमेटी में।

तीसरा : फ़िल्म डेलीगेशन में।

चौथा : अब वह हवाई जहाज़ों में सफ़र करते हैं।

पहला : फाइव स्टारों में खाना खाते हैं।

दूसरा : ठर्रा छोड़ स्कॉच पीते हैं।

अफ़सर : यह तो चमत्कार हो रहा है, यानी देश में कोई विरुद्ध नहीं, कोई एहतजाज नहीं। ट्रेड यूनियन लीडर तो वैसे ही अपना पेट भरने के चक्कर में बदनाम हैं। लेफ़्टिस्ट पार्टियाँ आपस में झगड़ रही हैं कि कौन असली कम्यूनिस्ट पार्टी है, कौन झूठी—लोग तो आदमी से परछाईं बनकर रह गए हैं। अपने साए से काँपते हैं, अपनी शिनाख़्त, अपनी की खोज में हैं, होश खो बैठे हैं। मैं तो कहूँगा चमत्कार है, अब हमें कुर्सी से कोई नहीं उठा सकता। हमारी औलाद और उनकी औलाद राज करेंगी।

हमारे शानदार नेतृत्व के लिए
चीयर्स हिप हिप हुर्रे, हिप हिप हुर्रे...

[सब निकल जाते हैं। शहरी दाख़िल होता है। वह थका हुआ है, निढाल है। एक बेंच पर आकर बैठ जाता है। रात हो रही है।]

आदमी : मैं बिना शिनाख़्त, बिना पहचान के जी रहा हूँ, और न ही मुर्दा क़रार दिया गया हूँ। त्रिशंकु की तरह दोनों दुनिया से बाहर हूँ। इसलिए न मैं अपने घर पर दस्तक दे सकता हूँ, न किसी रिश्तेदार को तार भेज सकता हूँ। मैं ज़बरदस्त ज़ेहनी अज़ीयत में मुब्तला हूँ, मानसिक कलश से बैरित हूँ। मेरे जिस्म पर एक तरह की बेहिसी छा रही है, जैसे यह जिस्म मेरा न हो, उसकी अपनी एक अलग ज़ात हो, उसका कोई अपना वजूद हो मुझसे अलग, जिस्म का पोर-पोर ठंडा हो रहा है। इस थकन, कोफ़्त, परेशानी और बेचैनी से निढाल होकर मैं अधमरा, आधा ज़िन्दा, तन्हाई का कम्बल ओढ़े इस गुमनाम कोने में अपनी तारीक दुनिया बसाने में मसरूफ़ हो जाता हूँ। (मुस्कराता है) मेरी अपनी दुनिया मकड़ी के जाल में, च्यूँटी अपने घर में,... यह...ख़ुदफ़रामोशी की एक सरहद है। यह आख़िरी पड़ाव है, यह रास्ता ज़िन्दगी से कटा हुआ है। मुझे धीरे-धीरे संतोष सा हो रहा है। मैं अपनी इस कोशिश से मुतमइन होता जा रहा हूँ—अजीब सा समाँ है—न हाँ...न ना। न इक़रार, न इनकार, न वजूद का होना, न न होना—यह एक कैफ़ियत है, नो मैन्स लैंड, आबादी से दूर ग़ैर आबादी है...मैं...ख़ुदफ़रामोशी की सरहद पार करता जा रहा हूँ।

[वह धीरे-धीरे अपने जिस्म को समेटता जा रहा है, और आख़िर में कपड़ों की पुरानी गठरी की तरह एक कोने में दुबक जाता है।]

[फ़ेड आउट]

[एक तरह का आलाप, एक तरह की मातमी चीख़।]

[रौशनी फ़ेड इन होती है।]

[सुबह के जैसे चार-पाँच बजे हों...धुँधलका है और दस-पन्द्रह आदमी अपने दायरे बनाकर घूम रहे हैं, चक्कर काट रहे हैं। आदमी धीरे-धीरे उठता है—देखता है, हैरान हो जाता है—वह बेंच पर खड़ा हो जाता है, आवाज़ें आती हैं, घबराई सी, सहमी-सहमी-सी, रोती हुई।]

आदमी : मेरा नाम क्या है? कोई मेरा नाम बता दो, कोई मेरी शिनाख़्त बता दो, कोई मेरे घर का पता बता दो। बरसों गुज़रे हैं अपनी शिनाख़्त खो चुका हूँ, मुझे अपने मुर्दा होने का ऐलान किए हुए महीनों हो चुके हैं। मेरी काग़ज़ी कार्रवाई मुकम्मल कर दो।
मैं रो-रो कर थक चुका हूँ।
दो गवाह, बस दो गवाह चाहिए।
मुझे इस अज़ीयत से छुटकारा दिला दे कोई।
कोई मुझे इस मानसिक कलेश से बाहर निकाल दे।
[एक आलाप, एक चीख़, एक कराह सुनाई देती है। ठंडी साँस लेता है कोई—कोई आह भरता है, आदमी देखता है, सुनता है, बर्दाश्त नहीं कर पाता, धीरे-धीरे बोलने लगता है।]

आदमी : यह कौन सी बस्ती है? मैं किस नगरी में आ गया हूँ? कौन-सी बस्ती बसाई है मैंने? मैं किस बस्ती का बासी हूँ, यह बेरूह जिस्म कहाँ घूम रहे हैं...ये...ये क्या हो रहा है मुझे...?

[एक चीख़ पेट से उठती है और गले तक पहुँचने से पहले ग़ायब हो जाती है। हाथ उठता है और ख़ला में रह जाता है, लफ़्ज़ बनते हैं और मानी खो देते हैं, कोशिश होती है और नाकाम हो जाती है—सुनो...सुनो...कोई जवाब दो! यह कैसा शून्य है? यह कैसा ख़ालीपन है?

यह कैसा दायरा है? मुझे चक्रव्यूह से निकालो, मुझे इस अँधेरे से बाहर खींचो, मेरे लफ़्ज़ों के मानी समझो... मैं... मेरी साँस... मेरी आवाज़... मेरी चीख़...!]

[धीरे-धीरे सब आदमी ग़ायब हो जाते हैं... ।]

[वह निढाल-सा बैठ जाता है।]

[धूप बढ़ गई है।]

[सरकारी अफ़सर अपने चार सरकारी आदमियों के साथ दाख़िल होता है, उन चारों के पास फ़ाइलों की गठरी है। आदमी उनको देखता है, एक आस-सी बँध जाती है।]

आदमी : अच्छा हुआ आप आ गए, मैं मायूस हो चुका था, आपको देखकर मेरी आस बँध गई है। गर्मी से ठंडा पसीना आने लगा था। बिना उम्मीद के उम्मीद बाँध रहा हूँ। मुझे किसी चमत्कार का इन्तज़ार है। बिना यक़ीन के इसरार है—बिना आवाज़, बिना ताक़त, बिना विश्वास के इक़रार है, क्योंकि अब मुझे आख़िरी तिनके का सहारा है, बस आप आ गए।

अफ़सर : ऐ इस शहर के बदबख़्त शहरी, तेरी शिनाख़्त हो चुकी है, यह चार आदमी जो मेरे साथ आए हैं, यह यहाँ के मुअज़्ज़िज़ शहरी हैं, ओहदेदार हैं, सरकारी गवाह हैं। यह सरकारी मशीन के कल-पुर्ज़े हैं और सरकारी कार्रवाई इनकी बदौलत चलती है। पचास किलो फ़ाइलें जो यह ढोकर लाए हैं और डेढ़ मन बाहर सरकारी जीप में रखी हैं उन सबमें तुम्हारे कारनामे दर्ज हैं, इनसे तस्दीक़ होती है तुम्हारे वजूद की—इनसे तुम्हारी शिनाख़्त तय होती है, इन फ़ाइलों की वजह से तुम्हें मरा हुआ नहीं, ज़िन्दा क़रार दिया जाता है।

[चारों सरकारी गवाह बारी-बारी अपनी फ़ाइलें खोलते हैं और तोता रटन के साथ उसके जुर्म गिनवाते हैं।]

पहला : ऐ शहरी, तू मुरादाबाद में था जब दंगे हुए थे।

दूसरा : तू बिहारशरीफ़ में मौजूद था।

तीसरा : तू भागलपुर था जब क़ैदियों को अन्धा किया गया था।

चौथा : तू उस वारदात में साक्षी था जब एक औरत का गैंगरेप हुआ था।

पहला : तू उस डील में शामिल था जब एक इंडस्ट्रियलिस्ट को नेशनलाइज़्ड पब्लिक बैंक ने पचास लाख का क़र्ज़ दिया था।

दूसरा : फिर उस फ़ैक्ट्री को बीमार क़रार देने का मशवरा दिया गया था।

तीसरा : और फिर उस बीमार फ़ैक्ट्री को चलाने के लिए मज़ीद पचास लाख रुपये दिए गए थे।

चौथा : ताकि इंडस्ट्रियलिस्ट और उसकी संतान शान से रह सकें, फ़्लैट ख़रीद सकें, गाड़ियाँ ले सकें, बलात्कार कर सकें।

आदमी : आप ठीक कह रहे हैं, मैं हर जगह मौजूद था, मुझे अपने जुर्मों से इनकार नहीं, इक़रार है। आपने यह छानबीन करके मुझ पर बड़ा उपकार किया है। इल्ज़ाम लगाकर इतने दिनों की रुकी हुई कार्रवाई आगे बढ़ाई है। मैं आपका बहुत आभारी हूँ। आप इतने शक्तिशाली, इतने महान, मुअज़्ज़िज़, सरकारी गवाह हैं, मुझ जैसे अधमरे, आधे ज़िन्दा नागरिक के लिए इतना समय नष्ट करके मुझे एहसान से झुका दिया है, धन्य हैं आप।

[वह उनके पाँव छूता है।]

आदमी : मुझे सरकार से बस इतनी अर्ज़ गुज़ारनी है कि मैं इन जुर्मों, इन गुनाहों के कारण ही अपने को मुर्दा क़रार दे चुका हूँ। मैंने ख़ुद को मौत की सज़ा दी है। मैंने इसी कारण शिनाख़्त खो दी है। इससे बड़ी सज़ा कोई सरकार किसी शहरी को नहीं दे सकती। इसलिए मैं हाथ जोड़कर अर्ज़ करता हूँ कि सरकारी गवाह हाज़िर हैं—पंचनामा हाज़िर है, दस्तख़त करने की देर है। मुझे मरा हुआ क़रार दिया जाए—और मेरी जान इस जान से छूट जाए।

अफ़सर : तुम कौन होते हो अपने आप को सज़ा देने वाले? तुम्हें किसने यह अधिकार दिया है, यह हक़ सौंपा है कि तुम ख़ुद फ़ैसला करो और अपने आप को सज़ा दो? जानते नहीं यह काम सरकार चलाती है, न्याय करने का कार्य सिर्फ़ सरकार का है। अब काग़ज़ी कार्रवाई होगी, लेकिन इस तरह नहीं जिस तरह तुम चाहते हो, इस तरह जिस तरह सरकार चाहती है।

पहला : तुम मुजरिम हो।

दूसरा : तुम पर मुक़दमा चलाया जाएगा।

तीसरा : इससे पहले तुम्हें हवालात में रखा जाएगा।

चौथा : फिर मुक़दमा, मुक़दमे के बाद सज़ा, इसमें कोई फेर-फार नहीं होगा।

पहला : तुम मुर्दा क़तई नहीं...ज़िन्दा हो।

दूसरा : तुम जैसे शहरियों की सरकार को बहुत ज़रूरत है।

तीसरा : सरकारी कार्रवाई तुम ही से चलती है।

चौथा : इलेक्शन का खेल तुम्हारे बिना मुमकिन नहीं।

अफ़सर : इस तरह के अधमरे, आधे ज़िन्दा शहरियों के सहारे ही इलेक्शन जीता जा सकता है। ऐसे शहरी सरकार की बुनियाद हैं—अब तुम्हें कुछ कहना है?

[शहरी बोलने की कोशिश करता है, आवाज़ नहीं निकलती, वह आवाज़ खो चुका है, आँखों में ख़ौफ़ है, डर है, एक चीख़ निकलती है जो चीख़ नहीं है।]

अफ़सर : चलो आओ, क़दम उठाओ—हमारे पीछे-पीछे चलो—बाहर सरकारी जीप तैयार है।

[सरकारी अफ़सर आगे चलता है। शहरी अब आधा झुका हुआ ग़ुलाम की तरह पीछे घिसटता चलता है। उसके पीछे चार सरकारी गवाह हैं।]

[फ़ेड आउट]

[परदा गिरता है।]

मसीहा

पात्र

अफ़ज़ल	:	पाकिस्तानी सैनिक
हरबंस	:	हिन्दुस्तानी सैनिक
संतराम	:	स्कूल मास्टर
कैप्टन	:	फ़ौज का कैप्टन
गुमनाम आदमी	:	विभाजन में बर्बाद हुआ एक शख़्स
सीता	:	संतराम की बहन

[हिन्दुस्तान-पाकिस्तान की सरहद (बॉर्डर)।]

हरबंस : *(गाता है)*
जिंदड़ी दा भा कोई न;
इक वारी मिल वे चन्ना
जिंदड़ी दा वसाह कोई न।

अफ़ज़ल : *(बॉर्डर की दूसरी तरफ़ से)* ओए बंसिया...

हरबंस : की ओए फ़ज़लू।

अफ़ज़ल : यार सबेरे-सबेरे दर्द की बात कर रहा है, मरवा देगा क्या!

हरबंस : प्यारे धुंध देख। हाथ को हाथ दिखाई नहीं दे रहा है। जब कुछ नहीं सूझता न दिल की याद आती है।

अफ़ज़ल : अब जो मैं तेरा निशाना बाँध दूँ न तो कल सुबह ख़बर दौड़ जाएगी—'एक हिन्दुस्तानी सिपाही हलाक।'

हरबंस : ओए फ़ज़लू दे पुत्तर।

अफ़ज़ल : उचर भी।

हरबंस : मेरा निशाना भूल गया क्या...बचपन में कैसे गुलेल के साथ बेर गिराया करता था।

अफ़ज़ल : उस दिन से ही तो ये चाह है कि तेरी उसी आँख का निशाना करूँ।

हरबंस : ओए इधर भी अमरीकी असला है।

अफ़ज़ल : यार बंसिया।

हरबंस : बोल माँ दे शेरा।

अफ़ज़ल : तेरे पास भी अमरीकी असला है न?

हरबंस : हाँ।

अफ़ज़ल : मेरे पास भी अमरीकी।

हरबंस : यार ये अमरीकी क्या मदद कर रहे हैं—सबको हथियार देते हैं। लड़ो—ख़ूब लड़ो—बढ़िया से बढ़िया हथियार लो और एक-दूसरे को भून के रख दो। नफ़रत को धरम समझो और अपने पराए दोस्तों-यारों का क़त्ल कर दो।

अफ़ज़ल : ओए भीम पलासी दिआ पुतरा।

हरबंस : क्या?

अफ़ज़ल : लेक्चर दे लेते हो यार।

हरबंस : कभी-कभी मैं सोचता हूँ।

अफ़ज़ल : ओए सोचा मत कर। देख तो धूप निकल आई है—कितनी मज़ेदार।

हरबंस : फ़ज़लू।

अफ़ज़ल : हाँ।

हरबंस : तेरी एक बहन भी थी न?

अफ़ज़ल : हाँ।

हरबंस : क्या नाम था उसका?

अफ़ज़ल : मुरादां।

हरबंस : अब तो जवान हो गई होगी?

अफ़ज़ल : बंसिया।

हरबंस : हूँ।

अफ़ज़ल : वो तेरी भी बहन लगती है।

हरबंस : हाँ यार, ये तो मैं भूल ही गया था। ओए देख, ओए उस्ताद जी उठ गए हैं।

अफ़ज़ल : उस्ताद जी—मैं किहा सलाम-अ-लेकम उस्ताद जी।

[हरबंस और अफ़ज़ल दोनों हँसते हैं।]

हरबंस : बेचारे बहन का इन्तज़ार कर रहे हैं।

अफ़ज़ल : ये समझते हैं कि इस तरफ़ कोई मर्द ही नहीं रहा।

[दोनों फिर हँसते हैं।]

[संतराम के चेहरे पर परेशानी है। बोलने से पता चलता है जैसे बहुत तकलीफ़ सह रहा हो। वह हिन्दुस्तानी सिपाही के पास जाता है।]

संतराम : भाई साहब, आज दिन क्या है?

हरबंस : ओए फ़ज़लू, उस्ताद जी दिन पूछ रहे हैं।

अफ़ज़ल : बोल मरने का दिन है।

हरबंस : सुना उस्ताद जी—किस फेर में हो, निकल आओ। अब दिनों और तारीख़ों के झमेले से। ये आपका स्कूल नहीं है। फ्रंट है—बॉर्डर। सामने फ़ज़लू है—मेरा जिगरी दोस्त लेकिन पता नहीं कब मेरे सीने में गोली दाग देगा या उससे पहले ही मैं उसके पेट में ये अमरीकी उर्फ़ हिन्दुस्तानी गोली पार कर दूँगा।

संतराम : वो आपका जिगरी दोस्त है?

हरबंस : हाँ। बचपन में इकट्ठे गुल्ली-डंडा खेला करते थे और एक-दूजे की माँ-बहन को भी याद किया करते थे।

संतराम : फिर भी आप उसे गोली मार देंगे।

हरबंस : गोली मारना तो हमारे लिए आँख मारने के बराबर है।

संतराम : क्यों?

हरबंस : ओए फ़ज़लू—उस्ताद जी पूछते हैं हम गोली क्यों चलाते हैं।

अफ़ज़ल : बोल यार मजबूरी है।

हरबंस : सुना उस्ताद जी, मजबूरी है।

संतराम : काहे की मजबूरी?

हरबंस : उस्ताद जी पूछते हैं काहे की मजबूरी।

अफ़ज़ल : उस्ताद जी, हमारे लीडर सिर्फ़ मुँह चलाते हैं और हमें गोलियाँ चलानी पड़ जाती हैं। जब फ़सलें ख़राब होती हैं, अकाल पड़ते हैं, लोग भूखे-नंगे मरने लगते हैं तो लीडर लड़ाई शुरू कर देते हैं और हमें फ्रंट पर भेज दिया जाता है।

हरबंस : फ़ज़लू बड़े पते की बात कह गए हो यार।

अफ़ज़ल : बस और सवाल न करना। ऐसी ग़लती मैं कभी-कभी ही करता हूँ।

हरबंस : उस्ताद जी।

संतराम : बोल भई।

हरबंस : एक बात कहूँ।

संतराम : जी।

हरबंस : काहे को यहाँ पड़े हो—ख़ामख़्वाह गोली-वोली लग जाएगी।

संतराम : बरख़ुरदार, मैं उस्ताद हूँ—सारी उमर स्कूल में काटी है। हम तो हमेशा पढ़ाया करते थे—'आदर्श के लिए अपनी जान दे दो।' आजकल उस्ताद को लोग पुराना आदमी समझते हैं। ये काम घटिया और निचले दर्जे का समझा जाता है।

हरबंस : पर यहाँ क्यों पड़े हैं—हिन्दुस्तान के अन्दर जाइए—कोई काम-वाम मिल जाएगा—बच्चों को पढ़ाइए।

संतराम : भाई आदर्श—मेरा आदर्श और मेरी बहन।

हरबंस : बहन आ जाएगी आपकी।

संतराम : रोज़ सुनता हूँ—रोज़ सुनता हूँ—पर कहाँ है मेरी बहन। मैंने उसे बच्ची की तरह पाला है। वो मेरी बहन—मेरी लाडली—शादी कराने के अरमान थे। मेरे सीने में लोरियाँ सोई पड़ी हैं—चाहतें सोई पड़ी हैं। मैं किस पर क़ुरबान करूँ अपनी ये मिट्टी सी जान। *(वह रो पड़ता है।)*

हरबंस : उस्ताद जी, ये क्या—धीरज रखिए। इस उम्र में भी आप रोते हैं?

संतराम : मेरा दिल रोता है भाई—आत्मा रोती है। जिगर लहू हो रहा है। हाय कहाँ ले गए उसे—कौन चंगेज़ है, कौन क़ाफ़िर है? हाय मुन्नी...

[वह पत्थर पर बैठ जाता है। कैप्टन मग में चाय लाता है।]

कैप्टन : लो उस्ताद जी, चाय पी लो।

संतराम : क्यों तकलीफ़ करते हो तुम रोज़?

कैप्टन : उस्ताद जी, सेवा करना तो आपने ही पढ़ाया है।

संतराम : पुरानी बातें हैं लड़के, बहुत पुरानी बातें हैं।

कैप्टन : उस्ताद जी, अच्छी बातें कभी पुरानी नहीं होतीं।

संतराम : सब झूठी साबित हो रही हैं। मैं पढ़ाया करता था, 'अपने वतन से प्यार करो, अपनी मिट्टी को चूमो और जहाँ पैदा हुए हो उस जगह के गीत गाओ।' कहाँ है वो वतन? किसका है वो वतन? कल हिन्दुस्तान था आज वो पाकिस्तान है। आज अमरीका है कल जार्जिया टाउन है—आज जर्मनी है कल पोलैंड।

कैप्टन : आपको तो सोचने की आदत-सी हो गई है।

संतराम : हाँ भई, सोचने की आदत-सी हो गई है।

कैप्टन : दो घूँट चाय तो पी लीजिए।

[संतराम चाय पीता है—कैप्टन टहलता है।]

कैप्टन : आपको याद है उस्ताद जी?

संतराम : क्या?

कैप्टन : बचपन—मेरा बचपन।

संतराम : मुझे अपने एक-एक शागिर्द का बचपन याद है।

कैप्टन : आप शनीचर की शाम को घर चले जाया करते थे। नौ मील पहाड़ी रास्ता तय करके और सोमवार नौ मील पैदल चलके ठीक साढ़े दस बजे स्कूल पहुँच जाया करते थे।

संतराम : वो दिन! हाँ—उन दिनों मैं जवान था।

कैप्टन : हम आपको देखते थे तो खिलखिलाकर हँस पड़ते थे।

[संतराम उठ जाता है—जैसे कोई सपना देख रहा हो।]

संतराम : जब मैं घर से निकला करता था तो अँधेरा होता था। हवा ठंडी, गुदगुदाने वाली हवा—शरारती, छेड़ने वाली हवा—आप बेशक रोनी सूरत बना रहे हों—वह हवा—मेरे वतन की वो हवा आपको हँसा देगी। फिर मैं उस पहाड़ी दरिया में नहाया करता था। मेरे जिस्म का लहू मेरी रग-रग में दौड़कर लाल सुर्ख़ हो जाया करता था। और जब मैं रास्ते में शिवजी के मंदिर से होकर घाटी उतरता था तो सूरज की किरणें—पीली-पीली, हल्की-हल्की, अल्हड़ किरणें मेरे माथे को चूम लेती थीं। हाय मेरा वतन! जहाँ नज़र जाती थी हरियाली दौड़ती थी—जहाँ नज़र ठहरती थी फूल उगते थे, जहाँ दिल सँभलता था घाटियाँ लहराती थीं। जहाँ दिल मचलता था—दरिया उछलता था।

कैप्टन : आपको कैसे याद है ये सब कुछ—मुझे तो इतना याद नहीं। हम तो सब कुछ भूल गए। वतन भूल गए, नाम भूल गए। ज़िक्र ऐसे आता है जैसे परियों की कहानियाँ।

संतराम : और जैसे ही मैं गाँव से गुज़रता था, आवाज़ें आती थीं, 'उस्ताद जी सलाम।' दूर टीलों से, मकान की छतों से लोग पुकारते थे, 'उस्ताद जी, कुछ खा जाइए। उस्ताद जी, दूध पीते जाइए।' और जहाँ मेरा जी चाहता नाश्ता करता, दूध पीता। मैं हिन्दू हूँ और मेरे लगभग सारे शागिर्द मुसलमान थे—जान छिड़कते थे। आँख के इशारे पर जान देते थे।

कैप्टन : मुझे याद है—स्कूल पहुँचते ही हम सब आपके पाँव दबाते थे—सरफ़राज़, गनी, अब्दुल सलाम, पौलाद ख़ान, अनवर ख़ान और मैं—और आप हमें लतीफे सुनाया करते थे। हमारी जमात सबसे अच्छी जमात थी, सबसे ज़्यादा नम्बर हमें मिलते थे—आपकी वजह से। हमारा पूरा गाँव आपको पूजता था।

संतराम : और अब हम रिफ़्यूज़ी हो गए—शरणार्थी।

कैप्टन : जी।

संतराम : बरख़ुरदार।

कैप्टन : जी।

संतराम : मैंने जो कुछ पढ़ा है—मेरी समझ में नहीं आता कि हम रिफ़्यूज़ी क्यों बने हैं?

कैप्टन : पता नहीं उस्ताद जी—शायद राजनीति...।

संतराम : ये लफ़्ज़ 'रिफ़्यूज़ी' कितना घटिया है—तिरस्कार और नफ़रत के लायक।

कैप्टन : जी हाँ।

संतराम : मैं इनकार करता हूँ कि मैं रिफ़्यूज़ी हूँ। मुझ पर रहम क्यों करते हो? मैंने तो आसरा नहीं माँगा था।

कैप्टन : पर आप रिफ़्यूज़ी हैं।

संतराम : यही तो मैंने पूछा था। मेरे घर थानेदार साहब आए, बोले—'उस्ताद जी, ये गाँव छोड़ दीजिए। यहाँ से चले जाइए। नहीं तो हम आपकी रक्षा नहीं कर सकेंगे।'

कैप्टन : जी हाँ—लगभग सभी लोगों के साथ यही हुआ। कुछ लोग तो अपने घर लुटा आए और कई लोगों के बहन, भाई, माँ—सब क़त्ल हो गए।

संतराम : और यहाँ हमारी रक्षा होगी!

कैप्टन : जी।

संतराम : किस चीज़ की रक्षा?

कैप्टन : आपकी।

संतराम : बरख़ुरदार, मैं क्या हूँ? रिफ़्यूज़ी की रक्षा। मेरे पास मेरी रूह ही नहीं—आत्मा ही नहीं। क्या करोगे मुझे बचा के? रिफ़्यूज़ी बना के हमारा क्या करोगे?

कैप्टन : जी?

संतराम : मेरी ज़बान कोई बोलता है? मेरी ज़बान के गीत कोई गाता है। मेरे दरिया की लय किस दरिया में है। मेरे गाँव की हरियाली

किस गाँव में है। मेरे आसमान का रंग किस आसमान में है। मेरे पहाड़ों की ऊँचाइयाँ किन पहाड़ों में हैं। उनके बिना मैं क्या हूँ—किस-किस की रक्षा करोगे? पहले उजाड़ते हो। फिर बसाते हो—उजाड़ते वक़्त नहीं देखते कि क्या उजड़ता है—बसाते वक़्त तो देख लो क्या बसता है।

कैप्टन : भूल जाइए सब—क्यों याद करके अपनी जान को तकलीफ़ देते हैं।

संतराम : ख़ूब राजनीति है आजकल। दुनिया भर में रिफ़्यूज़ी!! बर्मा, सीलोन, जर्मनी, अमरीका और अफ्रीका—रिफ़्यूज़ी ही रिफ़्यूज़ी—हिन्दुस्तान-पाकिस्तान—रिफ़्यूज़ी नहीं चाहता कि उसके माथे पे लेबल लगा दो।

कैप्टन : एक बात मानेंगे आप?

संतराम : बोलो।

कैप्टन : आपको मुझपे भरोसा है?

संतराम : तुम मेरे अज़ीज़ हो, मेरे शागिर्द और मेरे भाई जैसे।

कैप्टन : यहाँ रहना ख़तरे से ख़ाली नहीं।

संतराम : तो फिर?

कैप्टन : मेरे यहाँ होते आपको कुछ हो गया तो मैं ज़िन्दगी भर अपने आप को माफ़ नहीं कर सकूँगा।

संतराम : इस मिट्टी को लेके कहाँ जाऊँगा?

कैप्टन : पास के गाँव में चले जाइए। मैं रहने का बन्दोबस्त करा दूँगा।

संतराम : बरख़ुरदार, अभी नहीं।

कैप्टन : मान जाइए।

संतराम : नहीं, अभी नहीं। जब तक मैं सरहद पर हूँ मैं रिफ़्यूज़ी नहीं हूँ। जिस दिन मैंने एक पैर भी आगे बढ़ाया मेरे माथे पर रिफ़्यूज़ी का लेबल लग जाएगा। अभी मेरी रूह बेचैन है—वो मरी नहीं। जब रूह न रहे, जहाँ मर्ज़ी आए ले जाना—फिर सारे देश, सारे मौसम मेरे लिए बराबर होंगे।

कैप्टन : इतना हठ तो कोई पागल आदमी भी नहीं करता।

संतराम : तुम भाई बस इतनी मेहरबानी करो।

कैप्टन : कहिए।

संतराम : मेरी बहन आ जाए तो मुझे जल्दी ख़बर दे देना।

कैप्टन : उसकी आप चिन्ता न करें—आज कुछ रिफ़्यूज़ी ला रहे हैं। मुझे यक़ीन है उसमें आपकी बहन भी होगी।

संतराम : बस उसके बिना मन नहीं लगता। दिल बैठा रहता है—हर वक़्त उसका ख़याल आता है—कभी मुझसे अलग नहीं हुई थी और मेरा इतना ख़याल रखती थी। छोटी-सी उम्र में घर का सारा भार...

[आवाज़ भर आती है।]

कैप्टन : इस तरह सोचना छोड़ दीजिए। बैठ जाइए...आराम करिए। मैं जाके देखता हूँ—उसके आते ही यहाँ ले आऊँगा।

[कैप्टन मग लेके चला जाता है।]

[हरबंस गाता है]

कोठे ते कां बोले
चिट्ठी मेरे वीरे दी
विच मेरा वी नां बोले।

[धूप चली जाती है। गुमनाम आदमी दाख़िल होता है। वह एक पुराना फ़ौजी कोट पहने हुए है। धूप के हट जाने से सर्दी कुछ बढ़ गई है। गुमनाम आदमी ने बहुत पी हुई है। एक थैले में ख़ाली बोतलें लिये हुए है।]

गुमनाम आदमी : मास्टर जी।

संतराम : आओ भाई।

गुमनाम : आप मरे नहीं अभी तक?

संतराम : बदक़िस्मत हूँ—ज़िन्दा हूँ।

गुमनाम : बड़े अफ़सोस की बात है।

संतराम : मेरे मरने से तुम्हें क्या मिलेगा?

गुमनाम : मुझे! मुझे मिला क्या है जो मिलेगा—मैंने मुक्ति प्राप्त कर ली है—'निर्वाण'।

संतराम : शराब पी के?

गुमनाम : शराब पी के नहीं मास्टर जी शराब पी पी के।

संतराम : बड़ी जल्दी मुक्ति प्राप्त कर ली है।

गुमनाम : इसके लिए मन को मारना पड़ता है। संन्यासी लोग जो मंदिरों में कीर्तन करते हैं और जंगलों में भटकते हैं—वो कमज़ोर होते हैं—वो मन को नहीं मार सकते।

संतराम : तो तुम शराब किसलिए पीते हो?

गुमनाम : शराब तो इसलिए पीता हूँ क्योंकि मिल जाती है।

संतराम : तेरे निर्वाण का जवाब नहीं।

गुमनाम : आपको यक़ीन नहीं?

संतराम : है...।

गुमनाम : इस 'है' से पता लगता है कि 'नहीं' है। आप मुझे गाली दीजिए।

संतराम : क्यों?

गुमनाम : ऐसे ही।

संतराम : नहीं।

गुमनाम : आप किसी काम के नहीं। देखिए, मैं अपने आप को गाली देता हूँ। ध्यान से सुनिए—'मैं उल्लू का पट्ठा हूँ।' अब देखिए, मुझ पर कोई असर नहीं न—इसी को निर्वाण कहते हैं। पर लगता है अब निर्वाण उतर रहा है।

[वह नीचे बैठता है—थैले में से शराब की बोतलें एक-एक करके निकालता है। सब ख़ाली हैं। फिर वो एक-एक घूँट दो-तीन बोतलों में से निचोड़ता है।]

संतराम : अब क्या करोगे?

गुमनाम : निर्वाण प्राप्त करने का एक तरीक़ा और भी है।

संतराम : वो क्या?

गुमनाम : अपने आप को गोली मार दो।

संतराम : तो फिर देर किस बात की है?

गुमनाम : मुझे बन्दूक चलानी नहीं आती।

संतराम : किसी सिपाही से कहो वो तुम्हरी मदद कर देगा।

गुमनाम : मैंने एक से विनती की थी—कहा था कि सिगरेट कौन लाएगा। देखिए न, कितनी ख़ुदग़र्ज़ी है—अपने सिगरेट के लिए मुझे निर्वाण प्राप्त करने नहीं देता।

संतराम : अफ़सोस की बात है।

गुमनाम : आपको बन्दूक चलानी आती है?

संतराम : बन्दूक है तुम्हारे पास?

गुमनाम : मैं चुरा लाऊँगा।

संतराम : निर्वाण के लिए?

गुमनाम : आदर्श के लिए चोरी भी करनी पड़े तो भी ठीक है।

संतराम : मुझे तो भाई बन्दूक तो क्या गुलेल चलानी भी नहीं आती। और

अगर आती भी हो तो भी मैं हत्या नहीं कर सकता।

गुमनाम : आप तो मेरा कोई काम नहीं करते।

संतराम : पर मेरे पास एक तरीक़ा है।

गुमनाम : जल्दी बताइए।

संतराम : वो पाकिस्तानी सिपाही है न उससे कहो।

गुमनाम : उससे भी कह चुका हूँ। मैंने उससे कहा कि पाकिस्तानी सिपाही बहुत बहादुर होते हैं तो वो हँसने लग गया।

संतराम : क्यों?

गुमनाम : कहने लगा कोई सिपाही बहादुर नहीं होता।

संतराम : फ़िलॉसफ़र है?

गुमनाम : फ़िलॉसफ़र नहीं शायर है। कहता था—हर सिपाही डरपोक होता है और गोली इसलिए चलाता है कि ख़ुद न मारा जाए।

संतराम : फिर?

गुमनाम : फिर मैंने एक पत्थर उठा लिया और कहा कि डरपोक बन जाओ और अपनी जान बचाने के लिए मुझे गोली मारो।

संतराम : अच्छा?

गुमनाम : वो फिर हँसने लगा। एकदम हँसता जा रहा था। मैं भी पत्थर उठाए-उठाए थक चुका था। मैंने पत्थर फेंक दिया। फिर उसने मुझे 'रम' पिलाई।

संतराम : तुम खाना-वाना नहीं खाते, बस पीते रहते हो?

गुमनाम : खाना तो संन्यासी खाते हैं। तभी तो उन्हें निर्वाण प्राप्त नहीं होता। *(वो उठता है)* अब मैं क्या करूँ—मुझे घबराहट हो रही है। मैं डरता हूँ, मेरी यादों के भूत मेरा पीछा न करें।

संतराम : तुम्हें कुछ खाना चाहिए।

गुमनाम : मैं रो पड़ूँगा।

[वो कोट उतार के फेंक देता है। नीचे मैले ठंडे कपड़े हैं—एक फटी हुई तार-तार क़मीज़ और एक फटा हुआ तार-तार पाजामा।]

संतराम : क्या कर रहे हो? ठंड लग जाएगी।

गुमनाम : ठंड वहीं है मास्टर जी जहाँ मैंने कोट फेंक दिया है। अब मैं क्या करूँ मुझे होश आ रहा है। *(वह बोतलों की तरफ़ बढ़ता है। वो काँप रहा है। एक-एक बोतल देखता है और फेंकता है।)* मुझे होश आ रहा है। अब मैं क्या करूँ? मेरी यादों के

भूत मुझे दबोच रहे हैं। देखो—चीलें और गिद्ध, कुत्ते और हड्डियाँ—पिंजर, लाशें, कीड़े सब मुझे खा रहे हैं।

संतराम : क्या हो रहा है तुम्हें? क्या तकलीफ़ है?

गुमनाम : मुझे हाथ मत लगाइए। मेरे सारे जिस्म पर छाले हैं, फफोले हैं।

संतराम : तुम्हें अस्पताल जाना चाहिए। चलो मैं कैप्टन के पास ले चलता हूँ। मेरा शागिर्द था। तुम्हें दवा दिलवाएगा।

गुमनाम : *(रोकर)* मैं होश बेच देना चाहता हूँ। मैं होश खो देना चाहता हूँ। देखो, देखो...बँटवारे के दिन। वो कश्ती—मेरा बच्चा, मेरी बूढ़ी माँ—और कई बच्चे, कई बीवियाँ, कई माँएँ—और किनारे से लोग पत्थर मार रहे हैं। मेरे बच्चे का सिर फट गया है। मेरी बीवी का जबड़ा टूट गया है। मेरी माँ मर गई है। और वो खुली आँखों से मुझे देख रही है। पत्थरों की बारिश है और इधर दरिया में हमारी कश्ती है। कोई डर के मारे दरिया में छलाँग लगा रहा है और डूब रहा है। कोई रास्ता नहीं, कोई रास्ता नहीं... और कश्ती डूब रही है। कश्ती डूब रही है। *(वो फूट-फूट कर रो पड़ता है।)* सब मर गए। सब डूब गए...और मैं बच गया अपनी यादों के भूत साथ लिये। आप एक बहन के लिए रोते हैं—मैं कई बहनों, कई माँओं, कई बच्चों के लिए रोता हूँ। मैं चाहता हूँ कि होश बेच दूँ। मैं चाहता हूँ कि सब कुछ भुला दूँ। इतना पागलपन...इतना वहशीपन कहाँ किस दौर में था। कहीं नहीं था...कहीं नहीं था...*(रोते हुए चला जाता है।)*

हरबंस गाता है—

अज आखां वारिस शाह नूं
कितों कबरां, विचों बोल
ते अज किताबे इश्क दा
कोई अगला वरका फोल।
इक रोई सी धी पंजाब दी
तूं लिख लिख मारे वैण
अज लखां धीआं रोंदियां
तैनूं वारिस शाह नूं कहिण।

हरबंस : अफ़ज़ल।

अफ़ज़ल : हाँ हरबंस।

हरबंस : अब गाँव कैसा है? बदल गया होगा न?

अफ़ज़ल : मैं भी नहीं जानता यार। मुझे भी कई साल हो गए हैं घर छोड़े हुए। कभी इस फ्रंट पर तो कभी उस फ्रंट पर।

हरबंस : मुझे गाँव बहुत याद आता है। मैं दिल्ली में था तो वहाँ पड़ोसियों को मैं अकसर सुनाया करता था कि हमारे गाँव में सुबह-सुबह पत्तों पर शबनम कैसे गिरती है। सर्दियों में बर्फ़ कैसे पड़ती है और गर्मियों में कैसे दरिया अपना तेवर बदल देते हैं।

अफ़ज़ल : तुम लोग जब चले गए तो तुम्हारे घरों में मोटे-मोटे चूहे और साँप घूमते फिरते थे। रात को चमगादड़ चीख़ते थे और दिन को चीलें और गिद्ध छतों पर बैठे रहते थे।

हरबंस : कैसे सब कुछ बदल जाता है।

अफ़ज़ल : हरबंस ! राजनीति बैर की जड़ है। दुश्मनी का समंदर है। और हम भोले-भाले लोग शिकार हो जाते हैं—पागल हो जाते हैं। एक-दूसरे को काटने को फिरते हैं।

हरबंस : कभी-कभी मैं बहुत उदास हो जाता हूँ और कभी-कभी मैं सोचना भूल जाता हूँ।

अफ़ज़ल : हमारे हिस्से में यही कुछ आया है—एक-दूसरे का ख़ून करें और जीत के नारे बुलंद करें। हम लोग सिर्फ़ अख़बारों की सुर्खियाँ हैं।

[इतने में सीता के हँसने की आवाज़ आती है। सीता और कैप्टन दाख़िल होते हैं। सीता बाक़ायदा हँस रही है।]

कैप्टन : ये है तुम्हारा भाई।

सीता : भाई? कितनी देर का भाई? और फिर थोड़ी ही देर में मेरा मर्द *(हँसती है)* सब एक जैसे हैं। कोई भाई कहता है, कोई रिश्तेदार और कोई बाप। कोई फ़र्क़ नहीं।

कैप्टन : मास्टर जी, सब्र से काम लीजिए। इसके दिमाग़ पर गहरी चोट आई है। बड़ी नर्मी और प्यार से याद दिलाइए। अगर मेरी ज़रूरत पड़े तो फ़ौरन बुला भेजिए।

[कैप्टन चला जाता है। संतराम सीता की तरफ़ देखता है।]

सीता : कहाँ जाना होगा? तुम्हारा घर पास ही है न? देखो मैं बहुत दूर तक नहीं जा सकती। चलते-चलते मैं बहुत थक चुकी हूँ और थोड़ी देर बाद मुझे सो जाने देना। कितने दिन हो गए मैं सो नहीं पाई।

संतराम : सीता।

सीता : सीता? किसका नाम है सीता? हाँ, मेरी एक सहेली थी उसका एक भाई भी था—चाँद सा भाई। वो अपने भाई की लाडली थी। पर बेचारी का पता ही नहीं।

संतराम : सीता!

सीता : कमाल है। पागल तो नहीं हो?

संतराम : मुझे नहीं पहचानती?

सीता : ये लो—अभी-अभी तो मिले हो—अभी ही कैसे पहचान लूँ।

संतराम : सीता...मेरी बहन।

सीता : न जान न पहचान। भई मेरा नाम सीता नहीं है। मेरा क्या नाम है? ठहरो बताती हूँ। कमाल है...मुझे अपना नाम भी याद नहीं। तुम्हें कोई ऐसी पागल लड़की मिली है जिसे अपना नाम भी याद न हो।

संतराम : तुम्हारा नाम सीता है।

सीता : नहीं।

संतराम : मैं सच कह रहा हूँ। देखो हमारा ख़ून सांझा है। ज़रा ग़ौर से देखो।

सीता : देखो, सीता मेरी सहेली का नाम था। वो मेरी बड़ी अच्छी सहेली थी। उसकी याद न दिलाओ, मैं रो पड़ूँगी। अच्छा मैं तुम्हें अपना नाम बताती हूँ—शादां, मुरादां, शबनम, नज़हत, रुकसाना... कमाल है कितने नाम हैं मेरे। तुम्हें कोई ऐसी लड़की मिली है जिसके बहुत सारे नाम हों। *(ज़ोर से हँसती है।)*

संतराम : सीता, तुम मेरी बहन हो। ज़रा ध्यान से सुनो—'बहन' शब्द कितना पवित्र है। गंगाजल की तरह।

सीता : मैं बहुत थक गई हूँ।

संतराम : यहाँ बैठो।

[वह बैठ जाती है। उसकी तरफ़ हैरानी से देखती है।]

सीता : तुम कौन हो?

संतराम : मैं तुम्हारा भाई हूँ। अभागा भाई, जिससे तुम बिछड़ गई थीं।

सीता : मेरा भी एक भाई था।

संतराम : कहाँ है वो?

सीता : पता नहीं।

संतराम : याद करो।

सीता : मुझे छोड़ गया है। नहीं...नहीं, मुझसे छीन लिया गया है। मैंने बहुत ढूँढ़ा उसे।

संतराम : तुम अपने भाई से बहुत प्यार करती थीं?

सीता : कौन बहन अपने भाई से प्यार नहीं करती।

संतराम : कैसा था वो?

सीता : चाँद जैसा।

संतराम : उसका नाम क्या था?

सीता : नाम—नाम याद नहीं। ये लो, ऐसी कोई बहन मिलेगी जिसे अपने भाई का नाम याद न हो।

संतराम : याद करो।

सीता : याद करूँ? अच्छा!

संतराम : बताओ।

सीता : भूल रही हूँ।

संतराम : कोशिश करो।

सीता : देखो, मुझे सिरदर्द हो रहा है।

[सिर पे हाथ मारती है।]

संतराम : मैं सिर दबा दूँ?

सीता : नहीं—तुम क्यों हाथ लगाओगे...और आँखों के आगे मकड़ी के जाले हैं।

संतराम : इधर देखो।

सीता : हाँ।

संतराम : मेरा नाम याद है?

सीता : तुम्हारा नाम? हाँ—फिरोज़, उस्मान, दिलावर, अब्बास...कमाल है—कितने नाम हैं तुम्हारे भी।

संतराम : *(उठ खड़ा होता है। बहुत तकलीफ़ में है।)* क्या बना दिया है तुम्हें...तुम अपने जिस्म पर लोगों के गुनाहों की कहानियाँ लिये फिरती हो। गंगाजल में मैल आ गया है...गंदा हो गया है गंगा-जमुना का पानी...।

सीता : *(उसके नज़दीक आकर)* तुम्हारी तबीयत ठीक नहीं क्या?

संतराम : हाँ, वही रोग मुझे है जो तुझे है।

सीता : अब क्या करोगे?

संतराम : तुम अपने भाई का नाम लो तो मैं जान तक दे सकता हूँ।

सीता : याद करती हूँ और भूल जाती हूँ।

संतराम : और अगर तुम पहचान न सकीं तो मैं मर जाऊँगा। ये गुनाह जो लोगों ने तुम्हारी झोली में डाले हैं उनका कुफारा मैं भुगतूँगा। अपने जिस्म में ज़ख़्म भर दूँगा। पीप और ख़ून की धारें बहा दूँगा और कहूँगा कि लोगो देखो, देखो मैं अपनी बहन के गुनाहों का कुफारा भुगत रहा हूँ। वो पवित्र है। वो गंगाजल है। मेरी हालत देखो और इबरत हासिल करो।

सीता : एक बात कहूँ।

संतराम : कहो।

सीता : तुम्हारे जैसा अच्छा आदमी मुझे कहीं नहीं मिला।

संतराम : तुम जब इस तरह देखती हो तो सीता लगती हो। वही सीता जो मुझसे बिछुड़ गई थी।

सीता : मैं बताऊँ सीता कहाँ है?

संतराम : ज़रूर बताओ।

सीता : सीता का एक भाई था—चाँद सा भाई। वो सीता से बिछुड़ गया और सीता उसी दिन मर गई।

संतराम : बहन, नहीं। ऐसा मत कहो। भगवान के लिए ऐसा मत कहो।

सीता : मैंने कोई बुरी बात की है क्या? अच्छा अब नहीं कहती। क्या बात है? मैं जब भी कुछ बात करती हूँ तुम दुखी हो जाते हो?

संतराम : हे भगवान!

सीता : रोओ मत।

संतराम : मेरा सीना फट जाएगा।

सीता : चुप हो जाओ।

संतराम : अब मैं क्या करूँगा। मेरा आदर्श भी नहीं रहा। मेरी बहन भी नहीं रही।

सीता : भगवान के लिए रोओ मत।

संतराम : क्या बना दिया उन्होंने...मैं कहाँ से लाऊँ। पहले मेरा जिस्म रिफ़्यूज़ी था। अब मेरी रूह! लाओ मेरी रूह लाओ। सभ्यता और ज़माने के ख़ुदाओ! मेरी रूह लाओ। *(वो बार्ब्ड वायर्स पर चढ़ जाता है।)*

सीता : रोको उसे। भगवान के लिए कोई रोको उसे।

हरबंस : उस्ताद जी, नीचे आ जाइए। मैं कहता हूँ कि नीचे आ जाओ, नहीं तो गोली मार दूँगा।

अफ़ज़ल : ओ पागल आदमी, नीचे आ जाओ नहीं तो गोलियों से छलनी कर दूँगा।

संतराम : राजनीति, सभ्यता और ज़माने के ठेकेदारो मेरी रूह लाओ... मेरी माँ और मेरी बहन की रूह...मेरे गाँव और मेरे घर की रूह। रिफ्यूज़ी बनाने वाले जवाब दो।

[गोली चलती है। संतराम 'जीसस' की तरह लटक जाता है। कैप्टन और गुमनाम आदमी आते हैं। शाम हो चुकी है। सूरज की लाली से आसमान रोशन हो चुका है— चर्च का ऑर्गन बजता है। सीता रो रही है—दहाड़ें मार-मार कर। कैप्टन सलाम करता है।]

सीता : ये सिर्फ़ मेरा भाई हो सकता है। ये सिर्फ़ मेरा भाई ही हो सकता है। मेरा वीर, मेरा, वीर...।

[वो 'जीसस' के पाँव के पास चली जाती है और हाथ ऊपर को बढ़ाती है।]

✪✪✪